ON EST TOUS QUELQUE PART

ON EST TOUS QUELQUE PART

Textes et photos de

JEAN-RENÉ DUFORT

LES ÉDITIONS **LA PRESSE**

Catalogage avant publication de Bibliothèque et Archives
nationales du Québec et Bibliothèque et Archives Canada

Dufort, Jean-René
On est tous quelque part
ISBN 978-2-89705-362-8
1. Dufort, Jean-René - Voyages. 2. Voyages autour du monde -
Ouvrages illustrés. I. Titre.
G440.D83D83 2015   910.4'10222   C2015-940959-4

Présidente : Caroline Jamet
Directeur de l'édition et éditeur délégué du livre : Éric Fourlanty
Directrice de la commercialisation : Sandrine Donkers
Responsable, gestion de la production : Carla Menza
Communications : Marie-Pierre Hamel

Conception graphique : Célia Provencher-Galarneau
Révision linguistique : Louise Verreault
Correction d'épreuves : S.O.S Coquilles !

L'éditeur bénéficie du soutien de la Société de développement des entreprises culturelles du Québec (SODEC) pour son programme d'édition et
pour ses activités de promotion.

L'éditeur remercie le gouvernement du Québec de l'aide financière accordée
à l'édition de cet ouvrage par l'entremise du Programme de crédit d'impôt
pour l'édition de livres, administré par la SODEC.

Nous reconnaissons l'aide financière du gouvernement du Canada par
l'entremise du Fonds du livre du Canada (FLC).

Nous remercions le Conseil des arts du Canada de l'aide accordée à
notre programme de publication.

LES ÉDITIONS **LA PRESSE**
7, rue Saint-Jacques
Montréal (Québec)
H2Y 1K9

Toujours fascinant d'observer ceux qui regardent mes photos. Les gens ne s'arrêtent jamais là où je l'avais prévu et ils n'accrochent que très rarement aux photos que j'imaginais les plus accrocheuses. N'ayez crainte, vous ne serez pas surveillé en parcourant ce livre, mais on ne sait jamais. Regardez autour de vous, à tout hasard, je ne suis peut-être pas loin, avec mon appareil photo...

Darwin disait que les scientifiques doivent toujours se rappeler qu'observer, c'est perturber.

Voilà un constat particulièrement vrai en photo! Un bon photographe doit pouvoir se fondre dans le paysage. Ne plus exister afin de capter des moments signifiants.

Quand on disparaît derrière son appareil photo, les choses simples nous touchent plus et on arrive mystérieusement à ralentir le temps, à voir autrement. Dans cette optique, difficile pour moi de pratiquer la photo de rue ou le photoreportage au Québec: pas évident d'être une mascotte photographe! « Aye! C'est Jean-René Dufort avec un appareil photo! Kécékifèlà? » Ça vous tue une tentative de se fondre dans le paysage en un temps record!

Vous comprendrez donc que la photo est une passion que je pratique surtout à l'étranger et que, derrière mon objectif de photographe de ruelle, je prends des vacances de moi-même et de ma face de clown.

Cependant, je garde le même moteur, l'observation discrète de mon rat de laboratoire préféré: l'humain dans son habitat naturel. Les sujets esthétiques et architecturaux me fascinent aussi, mais je les sépare rarement d'une forme de photojournalisme.

La célèbre photographe américaine Dorothea Lange l'a bien dit: « Un appareil photo vous apprend à voir sans appareil photo. » On ne pourrait mieux décrire la motivation d'un photographe, même amateur. La photo m'aide, moi aussi, à mieux comprendre ce qui m'entoure... pour mieux le taquiner.

Comme je suis assez vieux (sans commentaire), j'ai débuté avec la photographie argentique. Tout a commencé chez ma grand-mère, qui faisait office de CPE quand mes parents travaillaient. Chez elle, j'étais fasciné de voir mon oncle Normand et ma tante Lorraine (deux ados hippies qui écoutaient du Paul Piché) développer, dans le grenier, des photos dans des bacs de liquides puants, sous une faible lumière rouge, et suspendre les négatifs avec des pinces, sur un fil tendu. Je trouvais le procédé mystique et franchement *cool*.

Plus tard, à 15 ans, je suis allé au grenier, j'ai dépoussiéré le vieil agrandisseur et j'ai ramené le précieux butin chez moi. J'ai alors entrepris la construction d'une ambitieuse chambre noire dans le placard de ma chambre. C'était ridiculement minuscule et mes bains d'acides côtoyaient mes vêtements. C'est ainsi que j'ai développé mes premières photos en noir et blanc, que j'ai enroulé mes bobines de films et que j'ai troué mes t-shirts à l'acide.

Mon premier travail rémunéré a été celui de photographe sportif. Je couvrais les tournois pee-wee et les matchs de hockey collégial AAA des Cheminots de Saint-Jérôme à l'ancestral aréna Melançon, le seul aréna du Québec en stucco! Je vendais parfois mes photos à *L'Écho du Nord*, le journal local de Saint-Jérôme.

Lorsque le numérique est arrivé, je l'ai longtemps boudé. Au début, les appareils photo n'étaient tout simplement pas à la hauteur. Rien ne battait le grain et la chaleur d'une bonne vieille photo en noir et blanc sur négatif et papier argentique. Dans les premiers temps du numérique, plus on investissait, plus la qualité des photos augmentait. Ne voulant pas me ruiner, j'ai donc tout remisé pour au moins cinq ans, le temps que la qualité redevienne abordable.

Aujourd'hui, cette belle universalité de la photo est plus que jamais de retour. Plus besoin de vendre sa voiture pour s'acheter un excellent appareil photo, et on peut même faire de très bonnes images avec un téléphone intelligent. On est revenus au bon vieux principe selon lequel ce n'est pas l'appareil qui prend de bonnes photos mais l'œil qui est derrière.

Aussi bizarre que ça puisse paraître, le titre *On est tous quelque part* me vient de Gilles Duceppe, l'ancien mais néanmoins nouveau chef du Bloc québécois. Lors de sa campagne électorale de 2011, Gilles arpentait, comme d'habitude, le Québec dans son autobus peinturé. Ça n'allait pas très bien et le spectre de la débâcle se laissait clairement entrevoir. En région, pendant un point de presse, un journaliste local lui a sèchement demandé : «Qu'est-ce que vous faites ici, monsieur Duceppe?» Ayoye!

Embarrassé et maladroit, Gilles a répondu : «Qu'est-ce que vous voulez, faut bien que je sois quelque part!» Sans le savoir, Gilles, le métaphysicien malgré lui, venait de me révéler un principe inéluctable et universel : à tout moment du jour ou de la nuit, on est obligés d'être quelque part. Tant qu'on est vivants, impossible d'être nulle part. Depuis ce temps, je m'amuse souvent à me demander où est Gilles. Dans son bain? Au Mexique? Dans son sous-sol à classer des vis?

Aucune des personnes que vous découvrirez dans ces pages n'a été «placée» pour la photo. Je suis un intégriste sur ce point. Pas question de tricher en maquillant le hasard des rencontres et des moments. Je suis encore traumatisé par la révélation voulant que le célèbre *Baiser de l'hôtel de ville*, de Robert Doisneau, n'ait pas été pris sur le vif et que le célèbre photographe ait payé un couple pour poser. Pour moi, la magie de cette superbe photo s'est subitement éteinte.

Dans ce livre, vous trouverez des photos d'individus souvent seuls, dans des endroits incongrus, des individus qui, eux aussi, comme Gilles, étaient quelque part, à un moment donné.

Celui où j'ai appuyé sur le déclencheur.

Jean-René Dufort

S'asseoir sur une bombe

Des touristes visitent le porte-avion *USS Intrepid* à New York. Épuisés, ils s'assoient sur ce qu'ils prennent pour un banc public. C'est en réalité une vieille torpille, ce qui ne semble déranger personne.

La plupart du temps, les touristes s'intéressent peu à ce qu'ils visitent. Ils parcourent les sites à la course, comme on se libère d'une liste d'épicerie. *USS Intrepid*? *Check*!

«Viens, ma chérie, on va se reposer sur la bombe. Veux-tu un Pepsi? Y en reste-tu long à visiter?»

Danger numérique

Lentement, ce vieil homme fait sa petite marche au cœur de Londres, inconscient du danger qui le guette. Sans qu'il s'en rende compte, il est tombé dans la mire d'une grosse caméra menaçante. Pire encore, je prends une photo de lui alors que la caméra le pointe. Et pire que tout, cette photo aboutit dans un livre qui vous permet à vous, lecteur, de zieuter le pauvre vieux dans votre salon (ou tout autre endroit pertinent).

Mine de rien, la petite marche de ce monsieur tranquille aura été plus mouvementée que tout ce qu'il aurait pu imaginer.

Combien de fois avez-vous été photographié ou filmé ? Sur combien de photos prises par des touristes japonais apparaissez-vous en arrière-plan, peut-être même (oh ! scandale !) avec un doigt dans le nez ? Vous ne le saurez jamais.

Une étude récente a conclu que, dans une ville comme Montréal, les passants sont filmés ou photographiés 75 fois par jour. Si cette pensée vous horrifie, évitez l'Angleterre. On y dénombre une caméra de sécurité pour 14 citoyens. Et on n'a même pas encore parlé des photos des touristes japonais !

Comment tuer
le sérieux

Voici un homme qui attend un taxi au centre-ville de Londres. L'air soucieux, il pense assurément à des choses très profondes. Le sens de la vie, peut-être... D'une élégance sobre, il pourrait figurer dans une pub d'Harry Rosen. Le cadre de la photo est classique et semble sortir tout droit d'un chic magazine pour hommes. Sauf que la petite face souriante taguée sur la colonne vient détruire tout ce qu'il y a de sérieux dans le périmètre !

Je le dis souvent : un petit grain de sable dans l'engrenage est toujours le bienvenu...

Juste bien placé

Il n'y a pas grand-chose à dire au sujet de cette photo si ce n'est que je trouvais cet homme vraiment bien placé ! Je visitais les ruines d'un château en Écosse et l'homme cherchait son chemin quand il s'est arrêté directement devant la seule porte du château. Clic !

C'est une petite victoire pour un photographe car, généralement, les éléments se font un plaisir de se liguer contre nous. On tente de photographier un drapeau ? Le vent tombe. Une scène intéressante se déroule ? Elle se termine juste comme on sort l'appareil photo. Chaque photographe doit vivre avec une quantité incroyable de chefs-d'œuvre qui se sont matérialisés devant lui et volatilisés juste avant le clic fatidique.

C'est très exaspérant, une photo qui ne se laisse pas prendre !

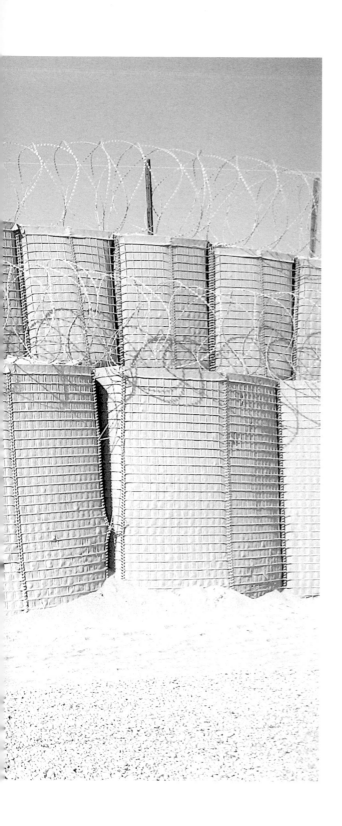

Kandahar Beach

S'approcher d'une chose ne permet pas toujours de mieux l'observer. C'est un problème permanent en journalisme de terrain.

Voici le bucolique paysage qui s'est offert à moi quand j'ai arpenté la base militaire canadienne de Kandahar, en Afghanistan.

Les murs fortifiés sont érigés à partir de gros sacs de poussière, le sol est couvert de poussière et, quand il vente, il neige littéralement de la poussière. C'est un peu comme visiter l'intérieur d'un sac d'aspirateur.

S'il y a des talibans de l'autre côté du mur, j'espère pour eux qu'ils ne sont pas asthmatiques.

Kandahar doit vouloir dire «Electrolux» en langue pachtoune.

Les mystères
de l'art

J'adore l'art contemporain. Il déroute parfois au point de ne plus savoir ce qu'est une œuvre. Dans un musée d'art contemporain, j'ai souvent observé des visiteurs scruter l'extincteur accroché au mur à la recherche d'un petit carton afin de déterminer si c'est une œuvre. L'urinoir signé «R. Mutt 1917», de Marcel Duchamp, en est un exemple éloquent. Est-ce une œuvre?

Ici, cette Japonaise semble rassurée: cette toile blanche est effectivement une œuvre. Le petit papier le confirme!

Vagues de béton

Situé au centre-ville de Chicago, l'Aqua est un hôtel tendance qui, disons-le, est beaucoup plus frappant à l'extérieur qu'à l'intérieur. Ce gratte-ciel ne serait qu'une simple boîte si ce n'était de ses balcons ondulés, différents à chaque étage. Cela prouve bien que les idées simples peuvent donner des résultats spectaculaires.

En 2009, l'immeuble a obtenu le prestigieux Emporis Skyscraper Award, qui a récompensé le gratte-ciel le plus remarquable cette année-là. Ne cherchez pas un lauréat de ce prix à Montréal : nos gratte-ciels sont tous plates à mort, exception faite de la vénérable place Ville-Marie et du Westmount Square.

L'édifice le plus proche de nous ayant obtenu cette distinction est l'Absolute World, un complexe comprenant deux gratte-ciels résidentiels à Mississauga, en banlieue de Toronto.

Quand on se fait battre par Mississauga en audace architecturale, y a de quoi déprimer !

Rationalisation
à la suédoise

Sur la première photo, deux soldats de la garde royale suédoise semblent postés devant le palais de Stockholm mais un seul des deux est vrai : l'autre, celui de gauche, est appliqué sur une toile trompe-l'œil, installée le temps des rénovations. Quelle excellente façon de réduire les dépenses salariales de 50 % !

Au fil des années, j'ai pris l'habitude de retourner photographier l'endroit. Lors de ma visite subséquente, le trompe-l'œil avait été enlevé et un seul soldat montait la garde. Et à ma troisième visite, plus aucun soldat n'était en poste. Disparu !

Voilà comment rationaliser à la suédoise. On y va tranquillement, étape par étape. Puis, un beau jour, sans que personne le remarque, deux postes ont été coupés ! Il faudrait en parler à nos élus.

La retraite de Bubbles

Ce sympathique chimpanzé n'est nul autre que Bubbles, le célèbre singe de Michael Jackson. Aujourd'hui, le grand singe vit paisiblement au refuge Center for Great Apes en banlieue d'Orlando. Il a 32 ans et pèse 185 livres. En bon mâle dominant, il pourrait vous briser la colonne vertébrale d'un seul câlin!

Bubbles est arrivé au sanctuaire à 22 ans, un peu *scrappé*. Depuis, il s'est refait une santé mentale et il déteste les caméras. On se demande pourquoi... Le sanctuaire abrite une cinquantaine de chimpanzés et d'orangs-outangs et, tout comme Bubbles, beaucoup d'entre eux viennent du milieu du *show business*.

Ne vous laissez pas impressionner par l'aspect carcéral de la photo. Bubbles est très bien traité dans cet endroit où tous les enclos sont reliés entre eux, ce qui facilite la socialisation. C'est une gentille dame du nom de Patty qui gère le refuge tant bien que mal, sollicitant des dons pour l'aider à s'occuper de ses singes bien-aimés. Chaque singe lui coûte annuellement 20 000 $ en nourriture, soins et hébergement.

Contrairement à certaines rumeurs, Michael Jackson n'a rien légué pour les soins de Bubbles. Lorsque j'ai visité le sanctuaire pour la première fois, j'ai décidé d'adopter symboliquement le chimpanzé et de verser un montant annuel pour payer une partie de sa nourriture, et ce, jusqu'à sa mort — ou la mienne: ça peut vivre 60 ans, un singe!

Bubbles est donc maintenant mon fils adoptif et je vais le visiter quand je passe par la Floride. J'aime beaucoup dire à mon «autre» fils: «Ton frère est un singe!» Ça vaut le coup juste pour ça!

Attention à nos enfants

Reykjavík, capitale de l'Islande. Pour cacher un chantier du centre-ville, les Reykjavikois (eh oui!) ont eu la lumineuse idée de le placarder avec des photos d'enfants. Toute la jeunesse d'un pays qui nous regarde à un feu de circulation, c'est beau, non? Ça donne moins le goût de brûler sa lumière...

Cette brillante idée traduit bien l'importance des enfants pour les Scandinaves. C'est pour eux qu'ils construisent leur pays. L'Islande compte 323 000 habitants: c'est comme si Trois-Rivières était un pays!

Si mes calculs sont bons, il y a 45 633 enfants de moins de 10 ans en Islande. Ça ne doit pas prendre beaucoup de chantiers de construction pour qu'ils se retrouvent tous sur les murs!

Il s'appelle Ziggi

Si vous êtes au bord de la mer à Vancouver, ou à Toronto sur les rives du lac Ontario, vous croiserez peut-être Zdzislaw Groszek. Surnommé Ziggi, cet homme passe son temps à empiler des cailloux depuis qu'il est sans emploi.

Je l'ai rencontré pour la première fois en 2010, aux Jeux olympiques de Vancouver. En deux semaines, Ziggi est devenu une star internationale. Tous les médias du monde lui ont consacré un reportage. Il recevait jusqu'à 600 $ de dons par jour et une télé japonaise lui a même offert 2000 $ pour empiler un nombre record de 26 grosses roches. Ce qu'il a fait sans problème.

J'ai revu mon « équilibriste de la roche » préféré en 2012 et, encore aujourd'hui, il continue de créer chaque jour ses sculptures éphémères. Le lendemain, tout est à recommencer, ce qui fait la beauté de la chose.

J'y vois une forme de méditation et, franchement, ça donne le goût de tout lâcher pour aller le rejoindre !

La culture des cailloux

Borgarholl, Islande. Un endroit perdu où les passants s'amusent à empiler des roches.

Ça porte chance, paraît-il.

Au fil du temps, la plaine s'est transformée en une forêt de tas de cailloux. On se croirait sur la Lune après la visite d'*Apollo 834*!

Je ne pense pas que ce soit aussi viscéral pour les filles mais, pour nous, les gars, toucher et flatter un caillou est une expérience quasi divine. On cultive cette adoration pour les cailloux depuis la plus tendre enfance. Sans farce. On les collectionne, on les cache dans nos poches, on les lance à tout vent...

Chaque caillou est un trésor. Ma mère en retrouvait souvent dans le fond de la laveuse. Ça vient d'où, ça? J'sais pas, m'man...

Il n'y a rien d'autre à voir à Borgarholl et, pourtant, les touristes affluent. Principalement masculins. Un vrai pèlerinage de la *garnotte*.

La voyeuse

Généralement, c'est le vieux mononc' qui reluque la jeune étudiante, pas l'inverse. Ici, la Japonaise s'amusait ferme à photographier les parties qui pendouillaient au-dessus d'elle. « Hi ! Hi ! Hi ! »

Il existe une constante dans l'Univers : un bruit de pet, un dessin de *bizoune* ou celui d'une paire de gros seins déclenchent invariablement le rire chez l'humain.

C'est ce qui a dû faire rire l'homme de Neandertal et ce qui fera assurément rigoler le dernier homme dans l'espace. D'ailleurs, je me suis toujours demandé pourquoi, sur le disque d'or des sondes *Voyager*, on n'avait pas gravé quelques sons de pets et un petit dessin de *bizoune*.

Je suis convaincu qu'on pourrait éviter une invasion extraterrestre grâce à un seul *prrrout* bien placé.

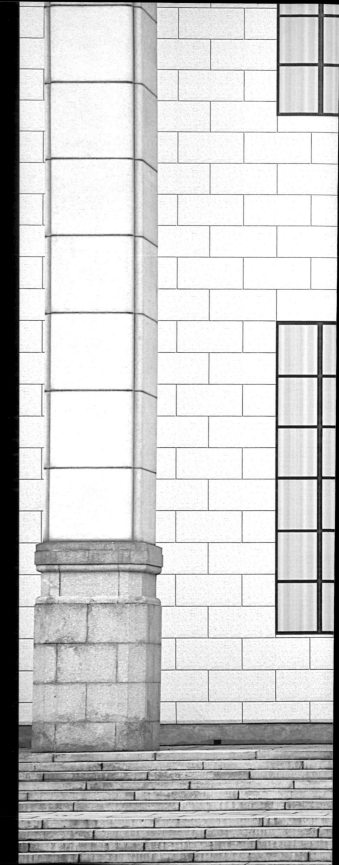

Un bon petit soldat

Place Tiananmen, ce militaire chinois monte la garde devant le Musée national. Un très gros édifice à protéger pour un si petit soldat. On a l'impression d'être devant une fourmi qui protège un pain tranché!

Pire encore, si vous regardez attentivement, vous remarquerez qu'il n'y a même pas d'édifice à protéger derrière lui. C'est une toile. Un trompe-l'œil. Seules les colonnes et les marches sont vraies. En effet, le musée a été presque entièrement détruit pour être rénové. Peut-être le bon petit soldat était-il de garde pour s'assurer que personne ne découvre que l'édifice est effectivement faux!

À Pékin, les soldats chinois «protègent» à peu près n'importe quoi. Ils sont disséminés un peu partout dans la ville et ils passent la journée au garde-à-vous sur leur piédestal à «faire régner l'ordre établi». Pendant les Jeux olympiques, il y en avait même sous chaque viaduc. Les Pékinois sont chanceux, eux: leurs viaducs ne tombent pas...

Les échecs-trottoir

Vous marchez sur le trottoir quand, soudain, un inconnu vous lance, l'air menaçant : « J'te gage que t'es pas de taille aux échecs. » Ah ouain ? Un duel sanguinaire s'ensuit alors.

Toutes les fois où je suis passé par Chicago, ces *nerds* s'amusaient ferme sur Michigan Street. Je suis trop nul pour jouer contre eux, mais j'aime observer ceux qui passent et qui mettent leurs obligations sur une tablette le temps d'une petite partie, ou deux... ou trois... Pourquoi pas ? Demain attendra bien un peu.

Le *water tennis*

Voilà ce que j'appelle de l'entêtement ou de la passion. Rien comme une bonne grosse ondée pour distinguer le simple amateur du vrai passionné de tennis. J'adore ces obstinés du court! Cet homme était seul dans le stade. Il désirait voir du tennis, c'tu clair? Et il avait raison: la nature doit s'incliner quand l'homme veut jouer au tennis. Point final.

Le matin est
une très belle femme

Dans la cour intérieure du fameux pavillon allemand de l'Exposition universelle de Barcelone, créé en 1928 par Mies van der Rohe, s'élève cette statue magique, *Le matin*, de Georg Kolbe.

Ce bronze représente une femme, les bras tendus, se protégeant de la lumière vive du soleil. Elle donne, encore aujourd'hui, une touche de magie à cette maison d'avant-garde de l'architecture moderne. Le matin se lève avec grâce quand on admire son reflet dans l'eau...

C'est pour cette maison que Mies van der Rohe a dessiné sa célèbre chaise Barcelone, meuble qui fait toujours l'envie de tous les adeptes de design.

Quand t'es encore moderne 90 ans plus tard, c'est signe que t'étais un avant-gardiste de l'avant-garde !

Maudites rénos

Un ouvrier mexicain devant les ruines aztèques de Chichén Itzà semble dépassé par l'ampleur du travail. Reconstruire tout ça avec une brouette, une pelle ronde et un râteau? Ouf!... Pas sûr. Il ne finira pas avant la sieste, c'est certain.

Je me suis toujours demandé si on devait reconstruire et préserver les ruines dans le monde ou les laisser telles quelles. Voulons-nous des ruines neuves ou des ruines en ruine? Même «reconstruit à l'ancienne», un temple neuf n'est plus ancien. C'est un détail important pour moi quand je visite un lieu historique. C'est-tu du «vrai vieux»? Il semble que je sois le seul au monde que ça dérange!

Si la vie t'intéresse...

Voici le militaire russe chargé de la *job* la plus plate de Sotchi : surveiller la flamme olympique, juchée en haut d'une copie du stade olympique de Montréal. Il passait ses journées assis sur sa chaise et entrait dans la structure une fois par heure, probablement pour changer la bouteille de propane. Je n'ai jamais vu une flamme olympique brûler aussi intensément. On entendait le bruit du brûleur à un kilomètre à la ronde. Pas de doute : le gaz est abondant en Russie !

Selon la tradition, la flamme est allumée en Grèce par les prêtresses d'Héra, puis elle se rend à l'endroit où se tiennent les Jeux grâce à une brochette de relayeurs. J'ai eu l'honneur de porter la flamme deux fois. La première, pour les Jeux d'Athènes, l'autre, pour ceux de Vancouver.

Laissez-moi vous dire que la hantise que la flamme s'éteigne pendant notre course d'un kilomètre est grande. En 2004, pour les Jeux d'Athènes, je courais avec la flamme juste avant que le célèbre commandant Piché prenne la relève. Celui-ci n'affichait aucun plaisir à faire cette course !

Monsieur Piché, vous voyez-vous manquer de carburant pour une deuxième fois devant toute la planète ? Vous allez faire rire de vous pour le reste de votre vie !

Il n'a finalement pas manqué de gaz. Ouf ! L'incident aurait été plus drôle que tragique, puisque les organisateurs ont toujours une flamme de secours pour ne pas à avoir à retourner en Grèce à chaque panne.

Les mauvaises langues (dont je suis le président) estiment que la flamme olympique s'est éteinte 44 fois entre la Grèce et Sotchi.

Complément d'information

Voilà bien un des moments où j'ai le plus rigolé au cours des 20 dernières années. Nous sommes en 2008, en pleine campagne électorale provinciale. Les troupes du PLQ posent leurs pancartes mettant en vedette Jean Charest, leur chef bien-aimé. Le slogan est, comme toujours, révolutionnaire : « L'économie d'abord. Oui. » Du génie à l'état pur.

Le Québec est l'un des rares endroits au monde où il est permis de mettre des affiches n'importe où. Ça peut taper sur les nerfs à la longue... Mais, un jour, un justicier anonyme comme je les aime (et que je ne connais pas) s'est mis à installer des « sous-pancartes » destinées à « compléter » celles de Jean Charest.

Ces moitiés de pancartes ne sont restées en place que quelques heures, mais cette opération de sarcasme politique a été des plus réussies ! J'aurais participé volontiers au financement de ces sous-affiches. Et ça n'a rien à voir avec mes allégeances politiques. Je suis tout simplement pour la propagation de bonnes *jokes* !

Mauvais billets

Voici les deux pires places du centre Bell pour assister à un match de hockey. Quelques mètres plus haut et vous êtes sur le toit de l'édifice, dans une chaise de jardin. À cette hauteur, il est permis de se demander si ça vaut la peine de dépenser tout cet argent pour aller voir le Canadien se faire battre 3-2 par les Blue Jackets de Columbus...

Ces deux-là ne seraient-ils pas mieux dans leur salon ? Surtout que la « bonne bière » n'est pas moins chère en altitude.

Capter le moment

Non, ce visage n'est pas celui d'une femme qui vient de voir des chaussures en solde à 50 %, c'est celui d'une joueuse de curling aux Jeux olympiques de Sotchi.

C'est assez plaisant de photographier du curling : les athlètes forcent toujours avec leur pierre, invoquent je ne sais quel saint et crient après les balayeuses. Ça donne de très bonnes photos.

De plus, les joueuses de curling sont devenues, au fil des années, de véritables stars et osent même s'afficher dans de sulfureux calendriers *sexy*. Les temps ont bien changé... Même très jolie, avouez que ce n'est pas évident d'avoir l'air sensuelle à côté d'une pierre de curling et d'un balai.

De leur côté, les gars sont de plus en plus baraqués. Ils pourraient péter la gueule à n'importe quel joueur de hockey ou bobeur !

Bizarre, non ?

Fouetter pour le plaisir

Le week-end, les Chinois ont l'habitude d'envahir les parcs de Pékin pour s'adonner à toutes sortes d'activités. Les jeunes jouent au haki, les vieux font du tai-chi et d'autres s'adonnent au «fouettage de plaisance»!

J'ai d'abord été attiré par un bruit de claquements très puissants. Paf! Paf! Paf! Puis j'ai aperçu ces quatre Chinois en camisole, fouettant de l'air. J'avoue que ça semble être un passe-temps exténuant. On parle ici de gros fouets, pas ceux que vous trouvez à la boutique coquine de votre quartier. Plutôt des fouets à lions!

À tour de rôle, les hommes se relayaient pour une séance de cinq minutes. Une fois exténué, le *fouetteux* retournait s'asseoir sur son petit siège pliant et laissait la place au suivant.

Une belle façon de passer un dimanche après-midi, non?

Soldats à la chaîne

Si jamais l'armée chinoise combat l'armée canadienne, chacun de nos soldats se retrouvera avec
environ 37 soldats chinois sur le dos. Nos militaires
ont intérêt à être bien entraînés!

J'ai observé l'infanterie chinoise à l'entraînement
et j'ai conclu sans l'ombre d'un doute qu'elle est
produite à la chaîne. Jamais vu des soldats aussi
bien *drillés*. Discipline, obéissance, symétrie des
gestes: ils sont visuellement une «*army of one*»,
comme dit l'armée américaine.

Malgré tout, un détail m'a toujours intrigué...

Pourquoi s'obstinent-ils à porter des pantalons cinq
fois trop grands? Sont-ils à ce point convaincus
qu'ils sont plus gros qu'ils ne le sont en réalité? Ce
genre de pantalons, j'appelle ça des *pétalons*. Or, on
peut inspirer le respect par le nombre, la compé-
tence et la discipline, mais sûrement pas en portant
des *pétalons*.

Double sens

«Libère-toi!» peut-on lire en haut de cet escalier de secours qui court sur le mur d'un édifice de Toronto. Quand on y pense bien, le message fonctionne très bien dans les deux sens. On peut se libérer en sortant ou en entrant!

Chasseur un jour...

Nous sommes dans un sombre *Hercule C-130* de l'armée canadienne. L'avion a décollé d'une base (plus ou moins) secrète de l'armée aux Émirats arabes unis, qui sert de camp de base aux soldats canadiens pour se rendre en Afghanistan. J'accompagne un contingent de soldats qui part combattre les talibans.

J'imagine sans peine leur état d'esprit et je me fais discret dans le fond de l'avion. En plein milieu du vol, le soldat devant moi sort une pile de magazines de son sac. Des *7 Jours*? Des *Québec Science*?

Ben non! À mon grand étonnement, ce sont des revues de chasse! Bien bizarre façon de relaxer avant la chasse aux talibans! Je sors mon appareil photo et j'appuie sur le déclencheur. Le soldat lève les yeux, me regarde sévèrement quelques secondes, puis replonge dans sa revue. Nous sommes bien dans le même avion, mais pas dans la même réalité.

Quand les soldats rentraient à la base à Kandahar, ils jouaient à *Medal of Honour* pour se changer les idées après une journée de combat. Ça vous tente pas, les *boys*, une *game* de *Tetris* ou encore des revues de cuisine?

Cour à *scrap*

Si vous cherchez une transmission de F-14 d'occasion, rendez-vous dans le désert du Mojave, en Californie, où vous trouverez une cour à *scrap* d'avions en tout genre.

On y trouve des carcasses d'avions de chasse, d'hélicoptères et d'avions de ligne. Le cimetière s'étend à perte de vue. S'y balader donne l'impression que la fin du monde est arrivée il y a 10 ans sans que personne nous fasse parvenir le message.

Les pièces de rechange sont placées dans un certain ordre, ce qui porte à croire que ce n'est pas un dépotoir et que cette ferraille sert bel et bien à quelque chose.

On se demande qui magasine à cet endroit ? L'armée de l'air polonaise ou des propriétaires d'Hyundai Excel cherchant un aileron ?

Dans l'tapis!

«Ma chambre est maintenant au sous-sol...» C'est peut-être ce que pense ce garçon devant son «ancien» immeuble, dans le quartier Beyrouth Sud. Remarquez ce tenace tapis qui est resté collé au plancher malgré les bombardements. On dira ce qu'on voudra, ils sont solides, les tapis, au Liban!

Quand un édifice est soufflé par une explosion, les planchers de béton se couchent souvent comme des branches de sapin enneigées. Vous imaginez la puissance de feu requise pour provoquer ce genre de dommages?

Œuvrer pour la paix

C'est valorisant de militer pour la paix dans le monde. Voilà un désir noble, trop rare sur notre terre aux prises avec une violence généralisée. Mais parfois j'avoue trouver quelque peu puériles les actions militantes entreprises pour pacifier notre planète.

À titre d'exemple, cette dame, installée sur un coin de rue du centre-ville de Chicago avec sa pancarte *Honk for Peace*! Je l'ai observée un bon bout de temps demander avec ferveur aux automobilistes de klaxonner pour la paix. Elle a passé l'avant-midi à œuvrer pour la paix. Pout! Pout! Pout!

Au dîner, malgré toute ma bonne volonté et mon affection pour la cause, j'ai été forcé de conclure que la paix dans le monde n'avait pas beaucoup avancé à la suite de son action...

Périmètre de salubrité

Voici une manière innovatrice de circonscrire l'itinérance. Devant le centre Pompidou, à Paris, on clôture chaque clochard individuellement afin de bien l'isoler de la société. Cela permet aux itinérants de cuver leur vin de façon sécuritaire, sans se faire piétiner, et au passant distrait de ne pas trébucher pendant qu'il texte à sa copine. C'est gagnant-gagnant.

Forcément, cette scène fait réfléchir. On ne trouve pas meilleure image de notre indifférence face à cette réalité que vivent toutes les métropoles. Faisant partie du paysage, les itinérants sont souvent à nos yeux des zombies qu'on contourne. On semble espérer qu'ils se relèveront et disparaîtront d'eux-mêmes...

L'accessibilité des choses

Nous sommes à Las Vegas, capitale du grotesque. Cet itinérant passe son temps assis sur un banc public. Il est accoté à un guichet automatique, parfaitement inutile pour lui, puisqu'il n'a pas un sou et encore moins de carte de crédit. Derrière notre homme se dresse un restaurant où les clients pesant plus de 350 livres peuvent manger gratuitement!

La quadrature du cercle de l'extrême pauvreté est ici renversante. Trop maigre pour se nourrir gratuitement et adossé à une boîte remplie de billets de banque!

La belle touffe

Le français est très tendance au Japon. Ça fait chic. Il y a donc beaucoup de restaurants, de pâtisseries et de boutiques aux accents français à Tokyo, mais comme très peu de Japonais comprennent la langue de Molière, personne ne semble s'intéresser à la signification des mots, pourvu que ça « sonne » français.

Vous obtenez alors des noms de restaurants comme celui-ci. Appétissant, non?

J'ai aussi vu les restaurants « Allégresse Bien Cuite », « Bistro D'arbre », « Crêpe de Cocorico », « Enfouir Lunch », « Frivole Cocue » et « Nina's Derrière ». Sans oublier la boulangerie « Maximum Zizi », la bijouterie « Jouir de Bijou » et, à Sendai, le salon de beauté « Madame Chie ». Ça donne le goût...

Manger santé

En Chine, tout se mange! Vous avez le choix entre une brochette de couleuvre, de l'hippocampe grillé, du lézard séché, une brochette de grosses larves ou une autre de scorpions. À noter que les scorpions sont encore vivants, empalés sur leur bâton. Pour faire une blague aux passants, le vendeur lance parfois la brochette sur leur chandail et les scorpions s'y agrippent. C'est très drôle (pour les autres).

Après ce dur moment, si vous êtes toujours preneur, il reprend la brochette pour la frire 30 secondes dans l'huile. Les scorpions deviennent tout croustillants et goûtent les chips BBQ. On mange même le dard... La brochette de larves est aussi frite dans l'huile, mais le centre reste mou. C'est tout vous dire.

J'aurais personnellement laissé frire plus longtemps...

Le «moins bon», c'est le lézard séché (et frit). On a l'impression de gruger notre porte-monnaie. L'hippocampe, lui, goûte la souris morte.

Comme vous voyez, j'ai tout essayé. Ce qui m'amène à la conclusion que de simples chips, ce n'est pas une mauvaise idée non plus...

Dans la boue

Sur les plages de la mer Morte, en Israël, on s'enduit le corps de boue. On laisse ensuite sécher avant d'aller se baigner dans la mer en flottant comme un bouchon.

Ce scénario donne des scènes assez hilarantes où tout le monde se promène barbouillé de boue sans pour autant s'en soucier. Généralement, c'est dans l'intimité de sa salle de bain qu'on accepte d'avoir l'air si idiot mais, à la mer Morte, au diable la pudeur !

Boys will be boys

Nous sommes à Los Angeles, aux abords du Walt Disney Concert Hall, conçu par l'architecte Frank Gehry. Dans ce paysage digne d'une série de science-fiction des années 1970 arrive un petit garçon d'environ cinq ans.

Je sors mon appareil et j'attends. Je sais très bien qu'au moment où le p'tit monstre va remarquer que ce qui semble être une sculpture est en fait une fontaine pleine d'eau, il ne pourra pas résister. Il va vouloir jouer dedans!

J'avais raison. Nous sommes tous pareils, les ti-gars... Comme le dit si bien la chanson du film *Le Petit Nicolas*: «On n'est pas à une bêtise près, faisons-la et voyons après.»

Dure veillée

L'Écosse a tenu un référendum sur son indépendance en octobre 2014. Cette soirée historique a été interminable, puisque les autorités écossaises avaient décidé de centraliser le comptage des votes au même endroit.

Les bureaux de vote ont fermé à 22 h et nous avons attendu jusqu'à 4 heures du matin pour connaître les premiers résultats, favorables à l'indépendance. Hélas! la joie des indépendantistes a été de courte durée, les Écossais ayant voté à 54 % pour rester unis au Royaume.

Au petit jour, les militants du Oui, encore sous le choc, n'en menaient pas large, particulièrement celui-ci que j'ai trouvé endormi dans son café. Le drapeau écossais à moitié effacé sur sa joue reflétait bien son état d'âme.

Comment survivre après une telle défaite? Crois-moi, mon homme, c'est possible : on l'a fait deux fois et on n'est pas morts. On va peut-être même le refaire une troisième fois! Tu vas voir, on y prend goût.

La maison noyée

La Nouvelle-Orléans a été littéralement noyée par l'ouragan *Katrina*. Les secouristes ont fait ce qu'ils ont pu pour visiter chaque maison sinistrée le plus rapidement possible, mais avec un à deux mètres d'eau dans des quartiers complets de la ville, il a fallu des semaines pour accéder à chaque demeure.

Le « X » signifie que cette maison a été fouillée par les autorités à la recherche de survivants. On peut aussi lire la date de la fouille et l'identification de l'unité qui a procédé à cette fouille, le nombre de cadavres trouvés sur place et, finalement, le nombre d'animaux de compagnie retrouvés morts.

Chaque habitation de la zone inondée a ainsi été marquée. L'histoire du désastre familial a été imprimée sur la façade de la maison, comme une étiquette attachée à l'orteil d'un cadavre.

Spécialisation extrême

Voici la totalité du magasin de cette vendeuse péki-noise qui vendait du blé d'Inde grillé. Seulement du blé d'Inde grillé.

Chaque matin, elle plaçait de 25 à 30 épis de blé d'Inde sur son comptoir. Rien d'autre.

Pendant un mois, jour après jour, nos regards se sont croisés. Elle était manifestement amusée. «Coudonc, y a jamais vu d'experte en blé d'Inde grillé, lui?» Eh non, jamais vu quelqu'un qui optait pour une profession aussi pointue et spécialisée!

Sans comprendre pourquoi, je ne lui ai jamais acheté d'épis. La veille de mon départ, je l'ai photographiée. Nous savions que c'était notre dernière rencontre. Je suis rentré à Montréal et elle doit toujours vendre son blé d'Inde grillé. Rien d'autre.

J'aurais vraiment dû en acheter un, histoire d'y goûter.

La petite *hezbolette*

Nous sommes en plein centre-ville de Beyrouth, au Liban. Le conflit de 2006 entre Israël et le Hezbollah venait de se terminer et des milliers de citoyens s'étaient réunis près du parlement pour donner leur appui au Hezbollah. Plusieurs d'entre eux estimaient que le groupe armé, considéré comme terroriste par Ottawa, les avait défendus contre l'agresseur israélien.

C'était une manifestation pacifique où j'ai même mangé du très bon maïs! Au fil de ma promenade, je suis tombé sur cette petite fille drapée dans le drapeau jaune du Hezbollah. La détermination et l'intensité de son regard m'ont frappé. Comme on dit au Québec: Ayoye!...

Aimer son travail

Au centre-ville de Copenhague, un accordéoniste pianote un air pour les passants.

Deux choses me font rire sur cette photo:

1. À voir le mur derrière lui, on pourrait croire que le musicien s'est assis dans son accordéon pour jouer.

2. Il offre aux passants une solide *baboune*, du style «Je vous déteste tous!»

En rentrant à la maison, je l'imagine dire à sa femme:

– Maudit que j'haïs ça, l'accordéon! Je comprends pas pourquoi les Danois aiment ça.

– Ils n'ont jamais aimé ça. Je sais pas qui t'a raconté cette salade.

– C'est ce que m'ont dit les gars au pub...

– Tu t'es fait niaiser.

– Merde, ça fait deux ans que je me fais suer à en jouer!

Carey cherche son verre de contact

J'aime beaucoup cette photo parce qu'elle illustre bien la grande solitude des gardiens de but, ces moineaux un peu spéciaux, concentrés, dans leur coin, le regard dans le vide.

Pour les supporters, quand un match tourne mal, c'est toujours la faute du gardien de but. Il faut être très résilient pour occuper cette position et rester calme, même quand le bateau coule. Jacques Plante l'a bien résumé : «Qui voudrait d'un emploi où, chaque fois que vous faites une erreur, une grosse lumière rouge s'allume et 20 000 personnes crient "booooo" ? »

Nous avions une expression à Saint-Jérôme (sûrement ailleurs, aussi !) pour parler des gardiens de but «en transe». On disait : «Il est dans son casque.» Ici, Carey Price est clairement tout seul dans son casque...

C'est d'ailleurs une de ses grandes qualités !

Le bon côté du Canada

Une fois n'est pas coutume : lors des Jeux olympiques de Vancouver, mon pays s'est dévoilé au reste du monde, et cela m'a beaucoup amusé. Chaque jour, cette dame se promenait dans les rues du centre-ville avec pour mission de faire «rayonner» le Canada. Les visiteurs l'adoraient et la trouvaient fort patriotique.

Pour être diplomate, disons que, de ce côté-ci de la rivière des Outaouais, elle incarne plutôt la caricature de la parfaite *Canadian*. Le ROC (*Rest of Canada*) aime beaucoup se vautrer dans l'unifolié pour se distinguer des Américains, quitte à laisser de côté l'option «bon goût».

M'ayant aperçu avec mon appareil photo, elle est venue me présenter la splendeur de ses Rocheuses... Petit sourire en coin, je lui ai fait remarquer que ce n'était pas la première fois que le Canada nous montrait son cul.

— *And it's probably not the last!* m'a-t-elle répondu en riant.

Elle est où, l'eau ?

Cet homme est un collègue de travail dont je tairai le nom, et il est vêtu d'un maillot de bain féminin pour des raisons que je vais aussi garder secrètes. Nous cherchions un lieu de tournage dans le désert du Nevada. En le voyant au loin, je n'ai pu résister à l'envie d'immortaliser cette scène surréaliste.

– Coudonc, me semble qu'il y avait un tremplin et une piscine ici, la dernière fois...

Camoufler
un gratte-ciel

Pendant plusieurs années, le site de *Ground Zero*, à New York, a ressemblé à un cratère géant, une véritable plaie à ciel ouvert. La construction de nouveaux gratte-ciels a été constamment retardée.

Aujourd'hui, le parc commémoratif, les fontaines et le musée sont enfin accessibles au public. Le *One World Trade Center* est debout avec son antenne *Made in Quebec* ainsi que cet autre édifice que l'on voit ici. Sous cet angle, vu des fontaines, ce gratte-ciel m'a beaucoup plu parce qu'il se perdait littéralement dans le ciel.

Avec mon esprit mal tourné, j'ai conclu à un processus de camouflage afin que les avions terroristes ne le voient plus et ratent leur cible. Si c'est le cas, avouez que c'est réussi comme *cloaking device*!

Fausse moustache

Ce soldat des forces israéliennes monte la garde à un *check point* avec son gros fusil d'assaut. Il porte une casquette et une imposante fausse moustache à la Groucho Marx. C'est probablement pour ne pas être identifiable par les passants et, avouons-le, à 38 °C, c'est moins chaud qu'une cagoule!

En Afghanistan, j'ai remarqué que les forces spéciales canadiennes appliquaient parfois les mêmes tactiques de déguisement en portant de grosses fausses barbes à la Ti-Mé lorsqu'ils assuraient la protection rapprochée de dignitaires, en présence de caméras.

On comprend que ces soldats d'élite doivent cacher leur identité, mais cette façon de faire m'a toujours beaucoup fait rire! Ces fausses barbes et ces fausses moustaches sont de biens drôles d'objets à faire porter par de si sérieuses personnes.

Trouver le vrai

Le plus amusant dans cette scène, c'est qu'il n'y a qu'un seul humain sur ce trottoir de Stockholm. Le gars est en compagnie de cinq mannequins, deux marionnettes et une photo. On a peut-être affaire à un homme qui cultive beaucoup d'amitiés imaginaires. Ou alors c'est une façon subtile de s'assurer qu'il a un auditoire féminin fidèle...

Difficile retour

Sur le perron de l'hôtel de ville de Kiev, un bataillon de l'armée ukrainienne attend de recevoir les honneurs du maire. On comprend, à les observer, qu'ils ont vécu un dur moment au front. Les Ukrainiens ont eu la surprise, en 2014, de voir une partie de leur pays envahie par des «soldats fantômes». Des militaires en uniforme sans identification, munis de véhicules flambants neufs, sans plaques d'immatriculation. C'était incroyable, des chars d'assaut tout neufs tombaient littéralement du ciel en Crimée et à Donetsk. Même Vladimir Poutine ne savait pas d'où ils venaient...

L'armée ukrainienne est donc partie combattre comme elle le pouvait, mal équipée au point d'avoir besoin du soutien direct de la population, qui leur a acheté des fusils, des bottes et des vêtements. Le Canada a d'ailleurs fourni 30 000 uniformes à son pays ami. Si vous examinez attentivement la photo, il n'y a pratiquement aucun militaire qui porte le même uniforme qu'un autre !

La sociologie des statues

Un de mes grands plaisirs dans la vie est de prêter des intentions aux statues. J'adore imaginer ce qu'elles peuvent bien dire avec leurs regards sérieux. C'est très amusant, car ça change selon les saisons et les crottes de pigeons ! Une statue qui a de la neige dans la figure ne tiendra certainement pas le même discours qu'en été...

Dans le parc Frogner, à Oslo, les Norvégiens ont engagé un sculpteur du nom de Gustav Vigeland qui, en 23 ans, a produit une incroyable quantité de statues. Des heures de plaisir pour moi ! Ces deux-là m'ont bien fait rire :

– Pourquoi tu me regardes comme ça ?

– J'aimerais te poser une question...

– Quoi ?

– Pourquoi c'est seulement sur ta tête que les pigeons font caca ?

– Tu te trouves drôle ?

On peut aussi trouver, dans ce parc, une statue nous présentant ses fesses plutôt que sa face...

Une forêt de vis

J'aime beaucoup cette photo prise à Paris, mais je n'ai aucune idée pourquoi. Peut-être à cause de la symétrie de l'image, de la sensation générale de tourbillon, du reflet des vis dans l'eau... Une impression de continuité du réel dans le virtuel ? Une sorte d'écho de l'au-delà ? Je sais, on est rendus loin !

Après quelques verres de vin, je me suis pris à penser qu'on voyait l'âme des vis dans l'eau. Ne vous inquiétez pas, ce n'est pas moi qui conduisais ce soir-là...

Le rêve olympique

Vous rêvez d'idéaux olympiques et vous brûlez d'envie de vous inscrire comme bénévole afin de «vivre pleinement» la magie des Jeux. Vous êtes sélectionné puis, un jour, le grand événement arrive!

On vous donne un uniforme laid qui ne fait à personne (un peu comme chez McDo) et alors que vous pensiez côtoyer l'élite sportive mondiale, on vous demande de surveiller un lointain stationnement P8 en *garnotte* ou une porte menant à un local où personne ne va.

Vous faites ça pendant trois semaines, puis vous retournez chez vous avec un superbe certificat de remerciement imprimé sur du papier *cheap* et commémorant votre contribution au succès historique des Jeux.

Voilà souvent à quoi ressemble le rêve olympique. Croyez-moi, vous êtes mieux dans votre salon!

Sieste scandinave

Dans cette image, il y a tout ce que j'aime de la Scandinavie. Une sculpturale blonde scandinave (bien sûr!), mais aussi le calme. Nous sommes dans un quartier résidentiel en banlieue de Copenhague. L'architecture est ouverte sur la communauté et sur le voisinage. Les espaces communs sont souvent dotés de plans d'eau. Pour les Scandinaves, le confort est une priorité.

Les Danois se sentent parfaitement en sécurité chez eux. C'est flagrant quand on se promène dans les rues de la capitale. On croise souvent, devant les restos, des parkings à poussettes avec des poupons dans les poussettes! Même en hiver. Maman et Papa mangent au resto tandis que Bébé fait dodo dehors. Aucun problème, il n'ira nulle part. Le sentiment de sécurité, c'est un luxe de nos jours.

La première fois

Incroyable, le courage que ça prend pour se rendre jusqu'au premier baiser... Cette première fois où on s'approche tranquillement est un moment décisif rempli de pièges. Des secondes où tout peut basculer, d'un côté comme de l'autre.

Ce couple au Millenium Park de Chicago a bien dû niaiser pendant une heure avant d'aboutir à quelque chose. Même moi, je n'en pouvais plus. L'œil collé à mon appareil photo, je chuchotais au gars «Enwoèye, la fille attend juste ça!» Le couple s'était arrêté à la fontaine du parc où une installation présente, en boucle, des images vidéo d'Américains en gros plans. Les amoureux devaient se penser dans un endroit discret, mais leurs silhouettes faisaient des ombres chinoises devant la projection. L'homme sur la photo semblait lui aussi les trouver pas mal *lambineux*. À la suite de cette forte pression populaire, le langoureux baiser a finalement eu lieu.

Ne donnez aucun crédit au gars, c'est la fille qui s'est avancée. Elles sont clairement plus courageuses que nous.

L'avantage du beau

L'avantage du beau, c'est que c'est beau!

Au Québec, on ne comprend pas l'utilité d'une architecture soignée et réfléchie. On construit *cheap*, sans
vision, des boîtes carrées sans âme ni envergure.
On laisse aux entrepreneurs le rôle d'architectes
pour sauver un peu d'argent et on en subit les
conséquences esthétiques à chaque coin de rue. Au
point que les Montréalais ont de la difficulté à dire
si un édifice est neuf ou s'il a été construit en 1980!

Quand on fait du beau et de l'avant-garde, ça donne
un édifice comme celui-ci, le Black Diamond, une

rallonge de la bibliothèque royale du Danemark,
construite en... 1999! Un édifice superbe, distingué,
inventif, qui présente une forme différente à chaque
point de vue. J'ai dû prendre 50 photos du Black
Diamond, et pas une ne ressemble à l'autre! Si l'extérieur est anguleux, l'intérieur est tout en courbes.

N'oublions pas que si on construit un édifice moche,
il sera laid dans notre face pendant 75 ans! Par
chance, ici, on ne construit pas solide, nos souf-
frances visuelles sont donc plus courtes!

Danger urbain

Cette intrigante sculpture est située au cœur du centre-ville de Calgary. Les gens que j'ai vus à cet endroit prenaient un malin plaisir à passer dessous, agissant comme si la structure allait leur tomber sur la tête. C'est ce qu'on appelle «prendre un risque qui n'existe pas» ! Ne vous inquiétez pas, les cyclistes portaient tous un casque protecteur.

La japoneige

À mon arrivée dans la ville de Sendai, au nord du Japon, je suis accueilli par... une tempête de neige! Le Japon possède les plus beaux flocons du monde. Ils sont immenses, moelleux, et collent parfaitement aux branches. Paysage féérique assuré.

Les Japonaises sont très élégantes sous la neige et se servent du parapluie comme d'une arme anti-flocons alors que, chez nous, nous ne l'utilisons que contre la pluie. Il est vrai que 40 centimètres de neige sur un parapluie, ça doit peser lourd! Et il est vrai aussi qu'à -30°C t'as besoin de garder tes deux mains dans tes poches! Ce qui n'était pas le cas à Sendai.

Le sourire asiatique

Pour une raison qui m'échappe, les Asiatiques viennent en groupe se faire photographier devant cette murale faite de clous, dans le hall d'entrée de l'hôtel de ville de Toronto.

J'aime particulièrement le sourire qu'ont les hommes asiatiques sur les photos. Ils ne comprennent pas très bien le principe d'avoir l'air heureux pour la postérité! Ils donnent l'impression d'être au poste de police. J'ai décidé de garder celui-ci dans mes souvenirs. Le pire, c'est que ça fait une maudite belle photo.

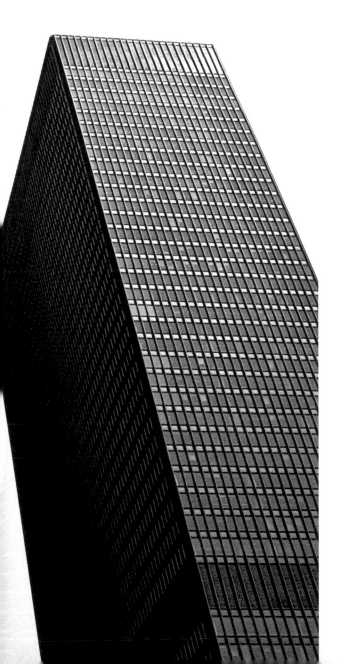

La règle de trois

C'est peut-être une déformation due à mon passé scientifique, mais j'applique religieusement la règle de trois en toutes circonstances. J'ai besoin de trois données pour confirmer une tendance. Ici, à Chicago, l'édifice rectangulaire vient briser la suite logique : cylindre blanc, cylindre blanc, rectangle noir.

Qui a décidé qu'un rectangle noir constituerait une suite logique aux deux épis de maïs ? Un mouton noir, certainement. Pourtant, l'harmonie est parfaite. Ma règle de trois ne tient clairement pas la route quand il s'agit d'esthétique.

91

10 Prison Street

Le 10 Downing Street, à Londres, est l'une des adresses les plus connues du monde. Les innombrables conférences de presse et annonces à la nation devant la porte numéro 10 sont un classique. C'est le symbole que le premier ministre est un Britannique comme les autres, avec une famille, une maison en brique et une porte en bois!

Il y a une vingtaine d'années, la plus célèbre porte d'Angleterre était assez accessible mais, depuis le 11 septembre, elle s'est vu encoffrer dans un impres-

sionnant dispositif de sécurité: clôtures, grillages à poule, bollards anti-voitures piégées et une quantité ahurissante de policiers lourdement armés.

La maison est devenue une forteresse dont personne ne s'approche, touriste ou pas. Les conférences de presse du premier ministre se font toujours devant la porte 10 mais, maintenant, quand il sort de chez lui, souriant et relax, on sait qu'il s'agit d'une façade qui cache une véritable paranoïa sécuritaire.

Voiture de p'lice

Port-au-Prince, Haïti. Voici une voiture de police qui a manifestement beaucoup de vécu. Les lettres ont même été partiellement arrachées. Le véhicule est en voie de devenir une voiture fantôme! Pas de problème. Le génie haïtien va régler ça. Un «O» tracé au doigt dans la poussière, et on est bons pour cinq ans encore!

J'adore le «tout croche» des Haïtiens. Ce petit côté broche à foin que nous partageons avec eux. C'est peut-être pour cette raison que nos deux peuples s'entendent si bien.

Je suis convaincu que les tout croches sont plus heureux que les autres. Je dis ça parce que je suis moi-même un peu tout croche dans l'âme...

Les enfants

Cette photo a été prise en Haïti. J'ai rarement rencontré des enfants aussi plaisants à photographier que ceux qui vivent dans des pays en difficulté.

Ces enfants ne manifestent aucune timidité et ne craignent nullement le *kodak*. Il est assez surprenant de constater que ceux qui sont les plus allumés, les plus rieurs, vivent souvent dans les endroits les plus pauvres et complètement ravagés.

Je répète souvent ce constat à mon fils lorsqu'il m'explique qu'il ne pourra plus vivre un instant de bonheur tant que je ne lui aurai pas acheté le nouveau jeu à 89 $ pour la Playstation 4. Peut-être devrais-je l'envoyer vivre à Gaza ou en Haïti, sans jeux vidéo, sans eau ni électricité. Ça lui redonnerait peut-être le goût du bonheur !

Il est pour l'instant en profond désaccord avec mon raisonnement mais, en voyageant, il changera certainement d'idée un jour.

Illusions

En regardant cette photo, vous vous dites que j'ai été pris dans une très dangereuse émeute. Vous avez tout faux. Il ne s'est strictement rien passé.

La scène s'est déroulée à l'entrée de Ramallah, en Cisjordanie. Assis dans ma voiture, je retournais tranquillement en territoire israélien pour me diriger vers Jérusalem. Soudain, un pneu en feu a dévalé la colline, longeant le mur de sécurité.

– Ah, tiens, un pneu en feu !

En haut de la colline, un groupe d'environ dix ti-culs palestiniens de 12,13 ans.

«Les p'tits maudits, y vont faire paniquer tout le monde et le *check point* va fermer...» À ma grande surprise, le pneu en flammes s'est rendu jusqu'à nous, sur le bord de la route, et ça n'a intéressé... personne !

Voyant que leurs conneries n'avaient attiré l'attention de personne, les gamins se sont approchés pour déposer un autre pneu et allumer trois cocktails Molotov, qu'ils ont lancés sur la tour de garde. Là encore, ça n'a intéressé personne !

Au *check point*, 50 mètres plus loin, deux soldats israéliens étaient en pause cigarette. Après leur dernière *poffe*, ils ont calmement enfilé leur casque anti-émeute et chargé nonchalamment une cartouche dans leur lance-grenades lacrymogènes. Sont allés voir tranquillement... N'ont même pas tiré.

Les ti-culs s'étaient éloignés un peu en lançant quelques insultes. Les soldats sont retournés s'allumer une autre cigarette en soupirant «p'tits crisses !»

Bord de mer

Quoi de plus beau qu'un bord de mer ? Ici, sur la côte atlantique des États-Unis, un couple contemple le rivage à partir d'une superbe promenade en béton décrépi.

Bucolique, non ?

Comment peut-on concevoir de telles horreurs ? Les constructeurs se disent peut-être que, de toute façon, les passants ne regarderont pas l'endroit, puisqu'ils seront captivés par l'océan.

Effet paradoxal, ça donne une belle photo quand même ! En photo, le laid est souvent très beau. L'esthétique du délabré rehaussé par la force du noir et blanc !

Hockey night
in South Africa

Bienvenue à la Soirée du hockey, en direct de la seule patinoire de Johannesburg, située au fond d'un mégacentre commercial. Ce soir-là, les Scorpions de Johannesburg affrontaient les Wildcats de Pretoria. Le gardien de but des Wildcats n'en croyait pas ses yeux : plus de 30 spectateurs étaient venus assister au match !

Pas besoin de vous expliquer qu'en Afrique du Sud le hockey est loin d'être le sport national. J'y suis allé parce que j'avoue ma grande dépendance à ce sport. Un mois sans hockey, ce n'est tout simplement pas possible pour moi, même en Afrique.

On parle évidemment ici d'un niveau de jeu « ligue de garage faible », mais le bruit de la rondelle heurtant la bande et le son mélodieux de la Zamboni, ça ne se remplace tout simplement pas.

Nettoyer son Canada

Voilà bien le plus grand drapeau du Canada qu'il m'ait été donné de voir. Cet unifolié recouvrait la totalité d'un édifice de Vancouver, pendant les Olympiques. Évidemment, quand on a de la visite internationale, on ne peut pas laisser son Canada se salir. Vaut mieux le nettoyer à la main. On a ainsi pu apercevoir régulièrement ces deux «alpinistes-*squeegees*» frotter le Canada, d'un océan à l'autre. Une bonne journée de travail en tout. Je ne sais pas ce qu'ils ont fait de l'immense toile canadienne après les Jeux.

Peut-être est-elle dans le sous-sol de Justin Trudeau ?

En une journée

Cette montagne de déchets ne représente qu'une infime partie des débris générés par le tsunami du 11 mars 2011 qui a frappé les côtes du Japon. Dans la seule préfecture de Miyagi, on estime qu'entre 15 et 18 millions de tonnes de déchets ont été produits ce jour-là. Un volume équivalant à quelque 23 années de production normale de rebuts. Des chiffres qui n'incluent même pas les milliers de voitures endommagées et la terre contaminée.

J'ai longuement observé, incrédule, cette pelle mécanique travailler. Elle paraissait si petite sur son immense tas de détritus. Que vont-ils faire de tous ces débris engendrés par une seule vague ? Sidérant !

Nature morte

Quand le tsunami a frappé les côtes du Japon, il a détruit plusieurs villes et villages, mais il a aussi détruit les sols. Le sel contenu dans l'eau de mer et la boue ont contaminé les rizières de la côte jusqu'à 10 kilomètres à l'intérieur des terres.

Les Japonais ont dû se résigner à gratter au bulldozer une couche de la quasi-totalité des terres agricoles qui ont été immergées. Aujourd'hui, il ne reste que d'immenses plaines dénudées, parsemées de maisons abandonnées.

Un paysage mort.

Souvenirs lessivés

Lorsqu'on se promène dans la zone dévastée par le tsunami au Japon, on voit des villes entières lessivées par la vague d'eau et de débris. L'intérieur des maisons a été arraché ou recouvert de boue.

Dans la zone détruite, j'ai remarqué que, même plusieurs semaines après le sinistre, personne n'était revenu sur les lieux pour récupérer les objets familiaux. Restait-il seulement des familles pour les réclamer, ces objets ? Le tsunami a tué plus de 19 000 Japonais...

Une tristesse inouïe vous habite quand vous réalisez que vous êtes probablement le premier à entrer dans une maison depuis la catastrophe. Les tiroirs des commodes sont arrachés mais les vêtements sont toujours là, bien pliés.

Dans une de ces maisons, j'ai trouvé cet album de photos, qui était resté dans l'eau et la boue pendant plusieurs jours. Les photos endommagées montraient des moments classiques de la vie familiale, comme on en retrouve dans tous les albums de photos du monde.

J'ai laissé l'album dans la maison. Je ne saurai jamais si cet enfant a survécu.

L'ennui

On représente souvent la Mort vêtue de noir avec une grande faux pour venir nous chercher. Eh bien, voici comment s'habille l'ennui ! C'est dimanche, il pleut, c'est la déprime, le gars arrose quand même le trottoir avec sa *hose*. En plus, ses bottes d'eau n'ont même pas de jolis motifs tendances. Misère...

Ça vous étonnerait si je vous disais que cette photo a été prise à Vancouver ? Là-bas, on ne parle pas de pluie mais de *liquid sunshine*.

Poubelles à bombes

Un peu partout dans le vieux Jérusalem, on retrouve ces bizarres cloches de plongée. Je les ai amicalement surnommées «poubelles à bombes». Celle de la photo est située près du Saint-Sépulcre.

Le principe est simple : si quelqu'un entend un *tic-tac-tic-tac* provenant d'un sac à main ou d'une boîte à lunch, il place l'objet dans la cloche, referme le tout et attend que ça fasse *boum* en toute sécurité.

Le stress au travail

Voici la scène qui s'est offerte à moi au comptoir de location de voitures de l'aéroport international de Port-au-Prince. Avouez que c'est un peu *malaisant*. Non pas que je sois contre un petit dodo au travail, au contraire. Mais je fais quoi, moi ? Je les réveille ? J'ai plutôt sorti mon appareil photo pour passer le temps... Généralement, les *clic-clic* sont très efficaces pour réveiller le travailleur qui dort !

Comme par magie, un des deux hommes a ouvert un œil. Fort sympathique, il nous a balancé les clés de notre voiture, puis il s'est réinstallé sur sa chaise pour retourner dans les bras de Morphée.

Parlez-moi d'un environnement de travail sans stress ! J'veux sa *job* !

Le mur

J'avoue humblement ne pas comprendre grand-chose aux rituels observés devant le mur des Lamentations, à Jérusalem.

Premièrement, pourquoi faut-il être aussi proche du mur pour réciter sa prière ? C'est littéralement les orteils collés et le nez aplati sur les pierres que les fidèles tombent en transe pour de très longues minutes. Ça donne évidemment de très bonnes photos !

J'aime aussi étudier les petits papiers de souhaits, insérés dans les craques entre les pierres, pour que Dieu les lisent. J'ai remarqué avec amusement que certains mettaient des papiers beaucoup plus gros, voire des enveloppes brunes ! Est-ce important, pour Dieu, la grosseur du papier du souhait ? Une prière sur du 8 ½ × 11, en Helvetica 26, aura-t-elle plus de chance d'être exaucée qu'une prière inscrite sur un petit papier ordinaire ? Est-ce l'équivalent de crier ? C'est la nature humaine, y en a toujours qui tentent de passer devant les autres... Même dans l'envoi des prières au ciel.

Savoir s'arrêter

Voici l'entrée de la base secrète la plus connue du monde, Area 51, où le U2 et le F-117 ont été conçus. Celle-là même où le gouvernement américain cache des soucoupes volantes et des cadavres d'extra-terrestres et où l'US Air Force conçoit des avions furtifs en utilisant la technologie extraterrestre, bien sûr.

Dans les villages entourant la base secrète, on s'amuse ouvertement de la «présence» extraterrestre, et quasiment tous les commerces se montrent accueil-lants envers les *visiting aliens*.

Pour accéder à la base, vous devez rouler des cen-taines de kilomètres dans le nord du Nevada, puis prendre un chemin de terre qui vous mènera au milieu de nulle part. Vous vous sentirez perdu. C'est alors qu'une mystérieuse route asphaltée apparaîtra par magie, en plein désert, sur environ sept kilo-mètres. Une pensée pour Mulder, le héros des *X Files*, est ici de rigueur!

Puis vous arriverez à cette guérite où aucun gardien ne travaille. Une quantité surprenante de caméras de sécurité se braqueront automatiquement sur vous et la sympathique pancarte *You can be fired upon beyond this point* vous indiquera que le plaisir a assez duré. Un autre panneau *Photography of this area is prohibited* complète le tableau. Oups! Je l'ai lu après avoir pris cette photo!

Area 51 est une base militaire toujours active. Chaque jour, à partir de l'aéroport de Las Vegas, des travailleurs s'y rendent dans des avions non identifiés appelés *Janet*. C'est aussi sans compter les milliers d'exaltés d'*ufologie* qui arpentent le désert pour percer les secrets d'Area 51. Pour une base secrète, c'est beaucoup de vedettariat!

Édifice pointu

Ce n'est pas un effet visuel, cet édifice est vraiment aussi «affuté» qu'il en a l'air. Je suis certain qu'on peut couper une tomate sur son arête! Il est judicieusement placé sur une pointe s'avançant vers l'eau, dans un nouveau quartier de Copenhague. Le premier étage est en miroir, ce qui rend assez ésotérique la promenade le long de l'édifice.

L'illusion est si hypnotisante qu'il est difficile de déterminer à quel endroit la pointe touche le sol. Ce jour-là, des jeunes s'amusaient à se courser en vélo autour de l'immeuble. Immanquablement, quelques-uns d'entre eux se sont cognés contre l'édifice, comme le font les oiseaux dans nos fenêtres!

Seule

Cette femme semble bien seule, au bout de son balcon. Pourtant, elle est en plein milieu d'un musée de Barcelone, entourée de centaines de personnes.

Je n'arrivais pas à déterminer si elle était sur le point de sauter ou si elle admirait l'immensité des lieux. Peut-être un peu des deux... Elle est restée là très longtemps, cachée par ses cheveux. Preuve qu'on peut très bien être seul avec soi-même dans un endroit bondé. Ça m'arrive très souvent !

J'aimerais parfois avoir la faculté de visiter la tête des gens comme on visite un musée. Silencieux, attentif, en marchant doucement pour découvrir tout ce qui se passe là-dedans... J'aurais sûrement des surprises !

C'est fermé

J'ai dû naviguer pendant au moins trois heures dans le golfe du Mexique avant de découvrir cette île déserte. À ma grande surprise, on y avait planté cette pancarte : *Island Closed*.

C'était la première fois que je me cognais le nez sur une île fermée. Esprit de contradiction oblige, j'y ai débarqué quand même, à la recherche du trésor de Jack Sparrow.

C'est ainsi que je suis en mesure de vous confirmer que le sable d'une île fermée réagit de la même façon que celui d'une île ouverte.

Des poubelles propres

Avez-vous souvent vu, au Québec, un employé municipal nettoyer chaque poubelle publique à la main avec une guenille ? Moi non plus.

En Chine, un parc, ça se récure ! Je vous l'accorde, ce n'est pas comme ça partout dans ce pays mais, à Pékin, les parcs de la ville sont impeccables. Il faut dire que les Chinois en profitent beaucoup puisqu'ils s'y réunissent tous, en famille, chaque fin de semaine.

En tout cas, celui-ci semble nettement plus propre que ma cuisine !

Hard Rock blindé

Quand j'étais à Beyrouth, l'armée libanaise avait été déployée aux quatre coins de la ville. Un blindé avait pris position devant le Hard Rock Cafe. Peut-être voulait-on protéger une vieille guitare d'Eric Clapton ou un vieux costume de Kiss?

Je me suis longtemps posé la question: «Ça va changer quoi de placer un blindé près de cet édifice si l'aviation israélienne bombarde ce même endroit du haut des airs?» J'avais vraiment peur pour le costume de Kiss.

Fabriquez vous-même votre œuvre d'art

Dans cette grande salle vide du MOMA, à New York, il n'y avait qu'un crayon, que les visiteurs utilisaient pour indiquer leur taille, leur nom et leur date de naissance.

Ce qui a donné pour résultat ce «cerne» tout autour de la pièce, décrivant à merveille la diversité humaine. Un échantillonnage «artistique» qui illustre bien les lois de la probabilité. Sans le réaliser, les participants ont dessiné une courbe de Gauss. L'écart type est étonnamment assez mince, avec des écarts beaucoup plus grands vers le bas que vers le haut. Cette asymétrie des données est due à un phénomène qu'on appelle, chez les humains, des «enfants».

À genoux

J'aime la symétrie de cette photo. La ligne au sol qui nous mène à cette femme. La ligne de ses bras et de ses mains qui pointent vers son gobelet.

Un être humain, tête baissée, pénitent et immobile devant des passants qui s'en foutent royalement.

Nous sommes sur le trottoir d'une des avenues les plus luxueuses du monde : les Champs-Élysées, à Paris.

Les portes du ciel

La cathédrale de Reykjavík, capitale de l'Islande, est située au sommet d'une petite montagne au beau milieu du centre-ville et, franchement, quand on y arrive, on a vraiment l'impression d'arriver aux portes du ciel. Comme la ville borde la mer, la cathédrale est presque toujours nimbée d'un épais brouillard, rendant l'atmosphère encore plus mystique. La majesté des lieux pourrait convertir le plus sceptique en croyant momentané.

Pour un instant, à cet endroit, j'ai cru en Dieu. Puis, en redescendant, ça s'est calmé. Bizarre...

Crier Jésus

Ce sympathique Coréen a hurlé d'interminables versets de la Bible dans mes oreilles alors que je passais devant le Grauman Chinese Theatre, à Hollywood. Il criait tellement fort que je pouvais voir sa luette au fond de son porte-voix. C'est ce qu'on appelle de la vente sous pression !

Je n'ai jamais compris la stratégie de ces exaltés qui tentent de nous convertir en hurlant sur les trottoirs. Tant qu'à y être, aussi bien nous verser une chaudière d'eau bénite sur la tête !

Tactique religieuse

De jeunes musulmanes admirent, à partir d'un observatoire situé sur le mont des Oliviers, la mosquée al-Aqsa, qui fait partie d'un ensemble de bâtiments religieux construit sur l'esplanade des Mosquées. C'est le troisième lieu saint de l'islam, après La Mecque et Médine.

Dans la plaine entre l'observatoire et la mosquée, on trouve un cimetière juif et un autre, musulman, près des remparts de la vieille ville. Ce dernier a été construit devant la porte par laquelle Jésus est censé passer lorsqu'il reviendra sur Terre pour construire le troisième temple, à la place de la mosquée au dôme d'or. Vous me suivez ?

En passant par cette porte divine, le fils de Dieu devra traverser le cimetière musulman et deviendra automatiquement impur. Il ne pourra donc pas accéder au lieu où il est censé construire le temple. Et c'est ainsi que la mosquée au dôme d'or sera préservée. Ça, c'est de la tactique religieuse élaborée !

Gros tendre

Voici une photo pour laquelle j'ai dû prendre de grandes précautions. C'était au stade olympique, lors d'un match de demi-finale entre les Alouettes et les Argonauts de Toronto. Les Alouettes ont gagné...

Dans les profondeurs du stade, cette *armoire à glace* torontoise pleurait non loin de son vestiaire. Cellulaire en main, il parlait à sa mère : « Maman, j'ai perduuu ! »

Pour immortaliser ce moment de grande tendresse filiale, j'ai dû avoir l'air vraiment idiot à faire mine de rien pendant 10 minutes avec mon appareil photo subtilement pointé sur lui.

C'est toujours un peu stressant de déranger un rhinocéros triste de 350 livres.

Une mauvaise journée

Quand je vais à Tokyo, je ne rate jamais une occasion de flâner dans un des nombreux temples de la ville. On marche dans cette ville où bourdonnent 35 millions d'habitants et, surprise, une petite ruelle nous mène vers un temple où règne un silence divin. Pour moi, ces temples sont des endroits plus spirituels que religieux, et j'y retrouve toujours deux choses que j'adore : le calme et l'odeur du cèdre !

Ce temple-ci, le Meiji-jingū, est situé dans le parc Yoyogi, tout près du quartier Harajuku. J'y ai croisé cet homme qui semblait passer une très mauvaise journée. Il pleuvait abondamment et, franchement, j'ai trouvé que c'était un excellent endroit pour passer une mauvaise journée.

À Montréal, où va-t-on quand on passe une mauvaise journée ? À l'oratoire Saint-Joseph ? Au lac aux Castors ? *Come on...* Ici, y a rien d'aussi beau que ce parc de Tokyo pour nos mauvaises journées.

L'art dans l'art

Ce groupe d'étudiants suivait un cours de dessin au Musée d'art contemporain de Strasbourg. J'ai trouvé très amusant de les voir chercher autour d'eux quelque chose à dessiner! Comme le *nono* qui ne voit pas la forêt parce que les arbres la cachent.

Le point faible de l'homme

Dès que j'ai pris cette photo, à Chicago, mes pensées sont allées vers les testicules de cet homme. Tous ceux qui en possèdent savent à quel point ces petites choses sont sensibles et fragiles! Faut vraiment être courageux pour s'y tenir en équilibre!

L'ancien
et le nouveau

L'édifice de la chaine CCTV, le Radio-Canada chinois, a été construit au milieu d'un quartier populaire. Cette photo représente bien la Chine moderne, qui gruge tranquillement les vestiges de la Chine plus ancienne.

Autre choc des générations, cette jeune fille «tendance» quitte la vieille maison de ses parents en scooter. Lunettes de soleil et minijupe *sexy*: elles sont délurées, les jeunes Chinoises! Et elles ont une attitude dégourdie qui rappelle aux gars qu'elles ont l'embarras du choix. D'ici 2020, il y aura 30 millions d'hommes de plus que de femmes en âge de se marier. Le mâle chinois a donc intérêt à bien vendre sa salade. Et les Chinoises en sont manifestement très conscientes! Cours toujours, mon lapin...

À l'ombre
d'un gros

La promiscuité ne dérange pas beaucoup les Chinois. Ils peuvent s'entasser par dizaines sur un mètre carré. Particulièrement dans le métro, mais aussi à l'heure du lunch, comme ici, à Pékin, où ces gens se sont tous accotés à la grosse bedaine d'une statue de lutteur, seule façon pour eux d'être à l'ombre.

Tickets here

Du haut de ses 85 ans, le célèbre architecte Frank
Gehry a déclaré que «98 % des bâtiments construits
présentement sont de la pure merde». Son superbe
musée de la musique, à Seattle, fait clairement partie
des 2 % qui restent – si l'on oublie l'affreuse tente
où l'on vend des *tickets*. Peut-être n'avait-il plus de
budget pour une billetterie.

Dormir comme on peut

Dans les différents événements internationaux aux-quels j'ai participé, il y a toujours eu une constante : les horaires de travail «planétaires» qui font que tout le monde dort partout et n'importe où ! C'était particulièrement vrai dans les IBC (International Broadcasting Center) des sites olympiques, ces im-menses «entrepôts à journalistes» où l'on travaille 24 heures sur 24 puisque, comme le dit l'adage, il est toujours midi quelque part sur la Terre !

Ça donne des scènes très cocasses de journalistes qui roupillent sur des sofas entre deux compétitions et, vous l'avez deviné, j'adore les photographier pendant qu'ils dorment, surtout s'ils ronflent.

À Sotchi, les Russes avaient installé des sofas orange peu confortables et surtout trop courts pour s'y allonger. On voyait donc constamment des jambes anonymes dépasser du mobilier.

La plongeuse rouge

Jantzen est une compagnie de Portland qui fabrique des maillots de bain depuis 1916 et qui utilise, depuis le début, ce logo d'une plongeuse en maillot rouge. La «Red Diving Lady» est devenue, au fil des ans, une icône américaine.

De nos jours, il n'y a que quelques-unes de ces immenses nageuses en plâtre qui sont intactes. Celle-ci s'étire au-dessus d'un magasin de Daytona Beach. Je vous assure que c'est de loin la plus belle chose du coin!

Viva Hollandia !

En 2010, les Allemands ont battu les Hollandais lors de la finale de la coupe du monde de soccer. J'étais à Amsterdam quand l'équipe nationale est rentrée au pays.

Malgré la défaite, le retour a été triomphal. Les joueurs ont fait le tour de la ville sur les canaux. Ça s'est transformé en mégaparty : les supporters se jetaient littéralement à l'eau au passage de leurs perdants préférés. Les Hollandais prennent manifestement beaucoup de plaisir à perdre !

La petite auto bleue

Pauvre petite auto, coincée derrière un troupeau de gros autobus. Elle ne s'en sortira pas, c'est certain. Toute seule dans le fond d'une ruelle de Beyrouth, elle est clairement en état d'infériorité numérique. J'espère pour elle que son propriétaire n'est pas pressé de rentrer chez lui.

Voilà ce qu'on ressent quand on sort du centre Bell le dernier !

Service personnalisé

Ce jour-là, cette sauveteuse montréalaise n'a certainement pas été victime de surmenage. C'est ce qu'on appelle un service personnalisé !

Tandoori polaire

La plupart des restaurants indiens n'ont rien d'impressionnant. Celui-ci, oui. Il est situé à Akureyri, en Islande, à 50 kilomètres au sud du cercle polaire. On est loin de l'Inde !

Le restaurant semble avoir été déposé entre deux édifices du centre-ville, comme une cabane de pêcheur de Sainte-Anne-de-la-Pérade. Il est si petit qu'une seule personne peut s'y asseoir. On peut donc dire que, ce soir-là, le restaurant était bondé.

J'aime penser que c'est l'endroit le plus au nord de la planète où il est possible de commander du poulet tandoori. C'est probablement ici que le père Noël vient chercher son pain naan ou son thé Darjeeling, pour accompagner ses biscuits.

Le café de la dernière chance

Je suis arrivé trop tard au Last Chance Cafe. Un nom prédestiné pour une fermeture inévitable! On trouve souvent ce type d'endroit avant d'entrer dans un désert. C'est plus rare au Vermont, même au fin fond d'un rang isolé. J'adore les commerces perdus, j'imagine toujours que Norman Bates, le fils aimant dans *Psycho*, en est propriétaire et que ça va finir en film d'horreur.

Avouez que *Last Chance Cafe*, ça ferait un super titre de film!

Mur *balloune*

Comment créer une curiosité mondialement connue sans dépenser des millions ? Prenez une ruelle du centre-ville, installez-y des distributeurs à gommes *ballounes* et invitez les passants à coller la leur sur les murs.

Ça donne la très belle Bubble Gum Alley de Seattle. Tout a débuté par un petit théâtre, situé dans la ruelle, qui demandait aux acteurs de coller leurs gommes *ballounes* sur le mur avant d'entrer dans les coulisses. Une sorte de *walk of fame* de la gomme à mâcher. Les passants ont suivi l'exemple.

On a ainsi transformé une ruelle plate en rendez-vous super sympa. Voilà le genre de douce folie malheureusement trop rare à Montréal. Il y a quelques années, dans Notre-Dame-de-Grâce, on avait imaginé un arbre à souliers où les *skateux* venaient accrocher leur vieilles *chouclaques*. Je me suis dit « *Cool* ! Enfin une idée amusante qui va mettre de la couleur dans le quartier. »

Ben non... Il a fallu tout enlever. Pas assez sécuritaire (long soupir).

Lieux d'aisances

Voici la modeste salle de bain de la modeste résidence de l'ancien, et modeste, président ukrainien Viktor Yanukovich.

Le domaine possède son propre zoo, une ferme d'autruches, un court de tennis intérieur, une allée de quilles, une caravelle transformée en salle à manger, un musée de voitures anciennes (et nouvelles!), une station d'essence, un héliport et un terrain de golf privé. En somme, c'est presque aussi grand que Monaco. Le lustre de l'entrée vaut à lui seul 32 millions de dollars US. Tout ça, bien sûr, payé avec les taxes ukrainiennes.

Mon guide porte fièrement sur ses épaules le drapeau de l'Armée insurrectionnelle ukrainienne (UPA, à ne pas confondre avec l'Union des producteurs agricoles) et ne trouve pas très amusantes les extravagances de l'ancien président, qui a fui l'Ukraine en voleur en février 2014. Avec humour, les Ukrainiens surnomment l'endroit « Ukrainian Disneyland ». Plusieurs couples viennent maintenant s'y marier.

On comprend, en visitant ce genre d'endroit, pourquoi les peuples se soulèvent.

La tour du roi

Nous sommes à Copenhague, au sommet de la Rundetårn ou, si vous préférez, la tour ronde. Cette tour, achevée en 1642, a été érigée à l'initiative du roi Christian IV pour servir d'observatoire et de planétarium.

Comme le douillet roi n'aimait pas monter les escaliers, il a fait construire une route en spirale de 210 mètres menant à l'observatoire. Il pouvait alors s'y rendre en calèche, tirée par ses chevaux. Il ne lui restait que ce petit escalier à grimper pour arriver au sommet.

Encore aujourd'hui, je me demande comment la calèche du roi redescendait de là.

Madame
et ses fantômes

Cette vieille dame est l'une des seules à vivre encore à l'intérieur de la zone d'exclusion d'un rayon de 30 kilomètres autour de la centrale nucléaire de Tchernobyl, centrale qui a explosé en 1986.

Difficile de trouver une épicerie près de chez soi quand on vit dans une ville fantôme où toutes les maisons sont abandonnées depuis près de 30 ans. Certaines personnes sont tout simplement indéracinables. Elles naissent à un endroit et mourront à la même place, coûte que coûte, radiations nucléaires ou pas.

J'ai quand même été surpris de réaliser qu'une si vieille dame vivait depuis si longtemps dans un village radioactif. Elle avait l'air en forme, la vieille! Peut-être que les radiations l'ont préservée...

Roue pas chanceuse

Cette grande roue qui ne tournera plus jamais, c'est celle du parc d'amusement de Pripyat, une ville située à moins de trois kilomètres de la centrale nucléaire de Tchernobyl.

Quand la centrale a explosé en 1986, ses 50 000 habitants ont été évacués (après avoir macéré dans la radioactivité pendant 24 heures). On leur a demandé de ne rien apporter avec eux et on leur a assuré qu'ils pourraient retourner chez eux deux ou trois jours plus tard.

Près de 30 années ont passé et il n'y a toujours personne. Pripyat est une ville morte et elle offre un spectacle surréaliste à ceux qui ont le privilège de la visiter. C'est un peu comme *La planète des singes* sans singes ou *The Walking Dead* sans zombies.

En 1986, la grande roue était toute neuve.

Câlins gratuits

Souvent, à l'entrée des sites olympiques, des câlins gratuits sont distribués pour favoriser l'amour entre les nations. Un concept utopique, mais sympathique, qui le devient encore plus si la personne qui fait les câlins est jolie.

Ça donne souvent lieu à des scènes assez comiques. Ici, une petite famille russe arrive sur le site. Le papa aperçoit la donneuse de câlins et se laisse intercepter sans trop résister. La maman, qui continuait son chemin, réalise soudain que son mari est dans les bras d'une autre. « J'avais pas le choix, mon amour, elle m'a sauté dessus ! »

La maman ne semble pas trop fâchée : le papa devrait bien s'en sortir...

Question existentielle

Un homme, au milieu de nulle part, attend quelqu'un qui ne viendra peut-être jamais. Je me demande souvent pourquoi les gens sont où ils sont. Que fait ce gars accoté sur une rampe, dans un endroit désert? Pourquoi a-t-il choisi ces marches comme «lieu de repos idéal» ? Parfois, j'ai le goût d'aller voir ces inconnus et de leur demander de circuler. La raison est que ça suscite beaucoup de questionnements en moi, et ça devient très agaçant.

Viva Las Vegas !

À Las Vegas, les Elvis courent les rues. Celui-ci semblait quelque peu désorienté, si loin de son habitat naturel. Peut-être cherchait-il sa guitare (ou ses pilules). Il n'y a pas grand-chose qui me fasse autant rire qu'un type déguisé en Elvis. Incroyable comme on a l'air épais dans un *suit* d'Elvis...

Las Vegas est une ville fabuleuse. Quand on y pense, dans quelle autre ville peut-on dire en conduisant : «On embarque-tu Elvis qui fait du pouce ou on attend la prochaine Marilyn ?»

Un homme libre

Je vous présente Michelangelo Giuseppe Peluso, valeureux vétéran de la Seconde Guerre mondiale. À 91 ans, il vivait paisiblement dans sa Dodge 1977, à Key West, en Floride. Plus de travail, plus de maison mais, comme le proclamait son affichette : *At least I know I am free.*

En 2012, la Ville de Key West a décidé d'interdire à quiconque de « loger dans un véhicule ». Une loi qui visait directement Michelangelo. Le vétéran a plaidé sa cause devant le conseil municipal, mais il a dû se résoudre à abandonner sa « résidence mobile ».

Michelangelo est décédé en février dernier. *Free at last!*

Vers le ciel

Pour moi, ces plaques de verre s'étirant vers le ciel
à la recherche de la lumière évoquent des cellules
végétales. Ne riez pas : je suis un grand *fan* de photo-
synthèse ! Capter la lumière pour la transformer en
énergie, ce n'est pas rien. C'est même la base de la
vie. Les plantes s'abreuvent de lumière et produisent
un précieux déchet : l'oxygène. Quand on y réfléchit
bien, on respire du caca de plante.

Paix sur la Terre

L'église du Saint-Sépulcre, au centre de Jérusalem, abriterait le tombeau de Jésus lui-même. J'utilise le conditionnel, entre autres parce qu'en Israël au moins trois sites prétendent au titre de « grotte où le corps du Christ a été déposé après sa mort ».

Reste que l'église du Saint-Sépulcre offre un forfait « 3 pour 1 » : l'endroit de la crucifixion, celui où l'on a déposé Jésus et, par la force des choses, celui de sa résurrection.

Un endroit aussi symbolique attire quantité d'exaltés mais aussi une incroyable présence policière, qui contrôle rigoureusement le déplacement des pèlerins. Si Jésus sortait aujourd'hui de son tombeau, il se buterait à une barrière de police ! J'aimerais bien l'entendre dire « Ça veut dire quoi, "Police" ? »

Manifestants

Rares sont les occasions de rencontrer des Juifs manifestant contre le sionisme d'Israël. J'ai croisé ce groupe à New York, près de Time Square. D'après ce que j'ai compris, ceux-ci sont membres d'un petit groupe qui prétend qu'Israël ne représente pas tous les Juifs et ils se disent en désaccord avec la politique de colonisation de la Palestine.

Ce n'est pas ici qu'on va clore cet interminable débat, mais avouez qu'on n'est pas habitués à voir des Juifs tenant une pancarte avec un drapeau d'Israël barré. Un des manifestants m'a demandé mon opinion sur le conflit. À la blague, je lui ai confié que je me range toujours du côté du peuple qui a la meilleure bouffe. Le problème, ici, c'est que les deux cuisines sont délicieuses.

Comme on dit là-bas : « *Make humus, not war!* »

Burger Orleans

La Nouvelle-Orléans a été sauvagement défigurée par l'ouragan *Katrina* en 2005. Marcher dans des quartiers complètement détruits, c'est une expérience surréaliste. J'ai vu littéralement des réfrigérateurs dans des arbres ! On descend ça de quelle façon, un frigo pris dans un arbre ?

En arrivant devant ce restaurant, j'ai eu l'impression de voir l'emblème de cette catastrophe. Voici l'Amérique touchée dans ce qu'elle a de plus précieux, ses hamburgers.

Bureau à aire ouverte

Ces deux-là ne manquent pas d'espace. Aux Jeux olympiques, des ordinateurs permettent aux journalistes de s'enquérir des résultats des compétitions et de consulter l'horaire des prochaines conférences de presse. Les organisateurs placent ces terminaux un peu n'importe où. Ça donne des images surréalistes comme celle-ci ou deux «usagers» sont perdus dans le fond d'un entrepôt grand comme un magasin IKEA !

Il reste une place à gauche, si ça vous intéresse. Pour s'y rendre, c'est cinq minutes de marche après avoir passé la porte... Ça donne le goût de venir travailler en *rollerblades*.

Du trop beau gazon

Sur le site des Jeux olympiques de Pékin se trouvait un édifice fort intrigant : un imposant cube gris foncé, sans fenêtres, parcouru de « nervures » et qui, en s'illuminant la nuit, ressemblait à un gros circuit électronique. On racontait que c'était le centre d'écoute de l'armée chinoise. Le fait qu'on nous empêchait de nous approcher de l'édifice et que ce dernier abritait des militaires donnait de la consistance à cette rumeur.

C'est à partir de cet endroit que les autorités écoutaient (supposément) nos conversations et épluchaient nos courriels. Voilà pourquoi je terminais toujours chacun de mes courriels par « J'adore la Chine, c'est un pays fantastique et je suis en accord avec toutes les politiques du parti communiste. » Mettons que j'aimais mieux ne pas prendre de risques...

J'aimais beaucoup observer le gars qui sortait tous les jours du cube secret pour arroser le gazon (fluo) de je ne sais quel produit miracle. J'aime les endroits secrets.

On n'a pas d'endroits secrets, nous, ici, au Canada. C'est plate, non ?

Le gardien fantôme

Voici enfin révélé le secret du succès de l'équipe de hockey masculine canadienne. Elle utilise un gardien fantôme! On pourra parler dorénavant de la légende du joueur de hockey sans tête.

Remarquez que ce n'est pas le premier gars sans tête à jouer au hockey...

Serena

Serena Williams, une véritable machine de guerre. On a peur d'elle, même assis dans les gradins, alors imaginez face à elle, sur le terrain !

J'aime cette silhouette, aussi gracieuse que musclée. J'adore aussi le regard de carnivore qu'elle porte sur la balle, juste avant le service. On sent déjà que cette balle va se transformer en obus qui foncera vers le filet à 200 km/h.

Raquette à la main, la championne a la puissance et le calme d'un prédateur. En dehors du court, elle est complètement à l'opposé : comique, très *girlie* et régulièrement accompagnée de son chien, Chip, un *pitou* toujours bien habillé. La dernière fois que je l'ai vu à Montréal, il portait une jolie petite cravate. Nous avons immédiatement connecté, lui et moi.

Scrap métal

Il y a foule dans les ruines de la cathédrale de Port-au-Prince depuis le tremblement de terre de 2010. Peut-être même plus qu'avant! De jeunes Haïtiens travaillent fort pour détacher chaque parcelle de métal de l'édifice en ruine. Ils espèrent en tirer quelques sous mais, pour l'instant, il faut penser à une stratégie pour l'extraire.

Ce jeune homme scie des tiges de métal, grimpé on ne sait comment en haut des colonnes de pierre. Ce sera long et il ne faudra surtout pas scier la tige sous ses pieds...

Les condos gruyère

À Beyrouth, des manifestants libanais sont regroupés sur le toit d'un édifice transformé en gruyère par les obus. Je trouvais l'immeuble bien solide de pouvoir tenir encore debout après tant de frappes.

Décidément, le béton libanais devrait être exporté au Québec. Je ne pense pas que le pont Champlain résisterait à un seul de ces impacts. Je sais, je pense souvent au pont Champlain quand je voyage. Que voulez-vous, je suis incapable de ne pas faire l'inventaire de tout ce qui est plus solide que lui dans le monde. À chacun sa marotte!

Chez Yasser

À Ramallah, juste à côté de la Mouqata'a, le parle-ment palestinien, un vieil homme marche lentement vers la tombe de Yasser Arafat, ancien président de l'Autorité palestinienne. Pour s'y recueillir, il doit traverser une cour intérieure d'une blancheur aveu-glante. Au fond, il arrive dans un mausolée vitré, en marbre aussi blanc que le reste et avec pour seul objet, au centre, le tombeau d'Arafat.

Le tombeau est surveillé par deux militaires palesti-niens en habit d'apparat. Les mitraillettes des deux soldats sont accotées sur le tombeau, ce qui intimide un peu. Le silence est de rigueur et s'il est possible de prendre des photos, il est interdit de filmer. N'es-sayez même pas, comme je l'ai fait, de prendre des vidéos en imitant la prise de photo, les gardes, sympa-thiques mais fermes, savent très bien détecter le cinéaste délinquant.

Captain Britain

Tout référendum pour l'indépendance d'un peuple provoque des campagnes enflammées. En Écosse, j'ai rencontré ce chaud partisan du Non qui passait ses journées au garde-à-vous au coin d'une rue du centre-ville d'Édimbourg. Il criait à tout vent «Non! Ça ne vaut pas le risque!» et son accoutrement «Union Jack» laissait peu de place au doute quant à son orientation politique!

Je ne suis pas certain que les partisans du Non jubilaient de l'avoir dans leur camp, à la porte du bureau de vote! Pourtant, la politique, c'est toujours moins plate avec quelques *coucous*.

Discussions au marché

Nous sommes en Toscane, sur l'île de Giglio que les journalistes ont envahie pour observer le *Costa Concordia*, échoué à quelques encablures du port. Une des dames semble en avoir soupé de toute cette visite. «T'en fais pas, ils vont repartir un jour», semble lui dire l'autre vieille dame pour la réconforter.

Le *Costa Concordia* est resté dans leur face plus de deux ans et demi avant d'être remorqué en direction de Gênes. Je comprends les habitants de ce petit coin perdu d'avoir fait une overdose de visiteurs. Pour certains, le «quotidien plate» est une richesse importante.

Quand une meute de journalistes débarque, ça intrigue au début mais ça tape rapidement sur les nerfs après. J'en sais quelque chose! Des habitants m'ont confié: «On ne va plus au village, on a peur de se faire poser une question stupide par un journaliste qui ne sait pas quoi faire de sa journée!»

Éphémère
rencontre

J'adore les graffitis. Pas les tags, les graffitis.

Il y a de réels artistes qui se baladent dans nos rues avec de la peinture en aérosol. Leur inventivité est sans limites. J'aimerais avoir leur talent. Et leur totale liberté.

Ce graffiti montréalais n'a pas survécu aux développements immobiliers, mais c'est la beauté de cet art éphémère, délinquant et irrévérencieux. J'aime l'art qui ne demande pas la permission d'exister.

180

Passion toilettes

À San Antonio, au Texas, j'ai fait la connaissance de Barney Smith, un monsieur très sympathique qui a maintenant 96 ans. Ce beau fou se passionne pour la décoration de couvercles et de sièges de toilettes, et il a fondé le Toilet Seat Art Museum dans son garage.

La dernière fois que je l'ai vue, sa collection comptait plus de 1100 sièges, tous décorés de façon unique. Chaque siège a sa propre thématique. L'un d'entre eux est recouvert des cendres du volcan du mont Saint Helens, un autre, de débris de la navette *Challenger*, un troisième, des calculs rénaux de sa femme! Barney est devenu une telle célébrité locale que des soldats américains lui ont offert un des sièges de toilettes de Saddam Hussein.

Si vous passez par là, apportez votre siège de toilettes: Barney est toujours à la recherche de matériaux de base. Il vous remerciera en gravant votre nom au dos de l'œuvre. Une façon hygiénique d'être immortalisé.

Comme on dit, l'important, c'est d'être passionné!

Hors du temps

J'aime beaucoup photographier les vieilles dames. Elles constituent d'excellents sujets, car elles prennent le temps de s'arrêter. Elles paraissent hors du temps. Ces deux-là attendaient l'ouverture des portes de la cathédrale de Strasbourg. J'avais l'impression qu'elles attendaient carrément l'ouverture des portes du paradis.

Brindilles

Le stade olympique de Pékin porte bien son nom de «nid d'oiseau». Complètement ouvert, on peut facilement s'y perdre entre les «brindilles» de métal. Bonne idée d'indiquer que la zone F3 est dans cette direction, mais on grimpe où pour s'y rendre?

Un gardien m'a indiqué que, lors de la construction du stade, chaque travailleur devait inscrire son nom sur les poutres de métal qu'il installait. De cette façon, si un problème survient, on sait exactement qui blâmer!

Je ne sais pas si c'est vrai, mais ce serait une excellente pratique à appliquer à Montréal!

Lavez-moi !

Voici le lave-auto le plus mystérieux de Beyrouth, au Liban. En une semaine, je n'ai jamais vu une seule auto entrer ou sortir de ce garage ! Les lumières de la petite voiture clignotaient inlassablement jour et nuit comme pour crier « Au secours ! Descendez-moi de là ! » De temps en temps, quelqu'un venait voir ce qui se passait à l'extérieur, puis retournait se cacher.

C'est un peu comme à la pêche, on place un petit *méné* comme appât et on attend que les gros poissons mordent à l'hameçon. Ça ne mordait pas beaucoup... Moi, je changerais d'appât.

Eleksyon

Voilà un incroyable incitatif au service public : une pancarte invitant les candidatures aux élections présidentielles d'Haïti de 2010, devant le palais présidentiel détruit ! Une fois élu, faudra reconstruire le pays et... votre bureau.

C'est l'ancien chanteur Michel Martelly qui a remporté le scrutin de 2010. Je l'ai rencontré une fois en entrevue, avant les élections, et mon seul souvenir de lui, c'est qu'il semblait obsédé à l'idée que son front brille à la télé.

À ce jour, le palais n'est toujours pas reconstruit mais, depuis 2010, je n'ai pas vu le front de Martelly briller une seule fois à la télé.

Respect

Ces hommes-araignées, perchés sur la Biosphère de Montréal, donnent à celle-ci une nouvelle couche de peinture. Vous imaginez le travail ? En équilibre sur de minces tiges de métal, le pinceau à la main et un seau de peinture qui se balance au bout d'une corde...

Respect.

À trop crier
au loup...

Pourquoi engager un pauvre gars pour tenir une pancarte « 50 % de rabais » toute la journée quand le magasin au complet est placardé d'affiches annonçant la même chose ? Le message n'est-il pas déjà évident ? La suite logique serait d'engager deux colosses pour intercepter les passants, les sortir *manu militari* de leur voiture et les faire entrer de force dans le magasin !

À un an d'intervalle, je suis passé devant ce magasin de souvenirs de Daytona Beach et, les deux fois, tout devait sortir du magasin à 50 % de rabais. On appelle ça des promotions permanentes !

Petit printemps
suédois

Ça ressemble à du théâtre de rue, mais il s'agit d'une scène bien réelle où sont représentés quelques stéréotypes qu'on entretient sur les Scandinaves. Cette policière de Stockholm, qui est, évidemment, belle, grande et blonde, attend patiemment que le manifestant ait fini sa distribution de tracts.

J'aime beaucoup le regard de la jeune policière. On sent que l'activiste n'aura pas à « s'activer » trop fort pour avoir droit à un petit tour en Volvo de police. Comme le dit si bien mon ami Claude Poirier, il « vit sur du temps emprunté » !

Sortir d'un radiateur

Albany, la capitale de l'État de New York, est une ville assez banale. Une seule chose la distingue des villes que j'ai visitées : l'Empire State Plaza. Cet immense complexe gouvernemental compte plusieurs édifices administratifs, une salle de spectacle en forme d'œuf et plusieurs bassins d'eau. On pourrait facilement y tourner un épisode de *Star Trek* tellement l'ensemble est futuriste (bien que construit en 1976 !).

Ici, cette dame sort de la Corning Tower, un gratte-ciel de type « radiateur ». On dit que c'est le plus haut gratte-ciel de l'État de New York... en dehors de la ville de New York ! Comme quoi on peut toujours trouver le moyen d'être le premier.

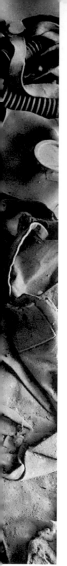

Masques à gaz

Sur le plancher d'un édifice abandonné, près de la centrale de Tchernobyl, j'ai trouvé ces vieux masques à gaz. Difficile de croire que ces petits bouts de caoutchouc peuvent protéger de quoi que ce soit... Encore moins des radiations. Un objet monstrueux pour une situation monstrueuse. Une photo qui représente ce qu'il y a de plus laid chez l'être humain. Beurk!

Pause tapis

Un beau tapis roulé : l'endroit idéal pour se reposer et prendre ses courriels. Je ne sais pas où étaient passés les ouvriers, mais l'appel de la pause pipi devait avoir été très pressant pour qu'ils laissent tout ça ainsi.

Bingo !

Dans les rues de New York, les hommes d'affaires sont légion. Mais c'est moins commun d'en rencontrer un poursuivi par ses chiffres ! On imagine ce gros « 9 » pourchassant le gars tourmenté jusque chez lui Boing ! Boing ! Boing !

L'amour en voyage

Job de bras

C'est fou comme on s'aime plus en voyage, non? Quand le quotidien nous lâche cinq minutes, on retrouve rapidement les charmes de l'amour, du plaisir et de la joie de vivre. Ce gars l'a tellement compris qu'il promène sa blonde dans la ville par les fesses. Je les ai suivis sur quatre coins de rue et il ne l'a pas lâchée une seconde!

Pas sûr qu'il oserait faire la même chose au centre commercial de son quartier...

Ce gars était en train de nettoyer au jet d'eau les quelques 95 000 sièges du stade de Johannesburg. Je ne sais pas quand le prochain match devait avoir lieu, mais j'espère pour lui que ce n'était pas le soir même! Vous imaginez le travail? Même s'ils étaient 100 à se partager le boulot, on parle d'environ 950 sièges chacun!

Y a pas de sot métier, qu'ils disent...

Mirabel

Pierre-Elliott Trudeau le disait lors de l'inauguration en grande pompe de l'aéroport international de Mirabel. «Mirabel annonce l'an 2000, on a peine à imaginer le fourmillement de voyageurs entre ses murs dans le futur.»

PET ne pouvait pas être plus dans les patates...

Mirabel s'est à peine rendu aux portes de l'an 2000 et, en 2015, on a procédé à la démolition pure et simple de cet éléphant blanc. Je trouvais important d'immortaliser cette pathétique destruction.

Le gros cône

Quand j'étais à Dubaï, le Burj Khalifa, la plus haute structure humaine jamais érigée, n'était qu'un immense chantier. Une grosse aiguille qui poussait en plein milieu du désert. Avec, pour seuls voisins, un troupeau de cônes de construction.

À Dubaï, rien n'est petit. Et on construit à une vitesse folle! À l'époque, je trouvais vraiment bizarre qu'un gratte-ciel soit construit au milieu des dunes. Aujourd'hui, cette tour est au cœur d'un quartier qui n'existait pas il y a six ans! Aux Émirats arabes unis, la vitesse de construction est de loin supérieure à celle de notre CHUM...

Un beau stade troué

Il n'y a pas que notre stade qui est plein de trous, celui de Johannesburg, en Afrique du Sud, l'est aussi. À la différence que, dans ce cas-ci, c'est voulu !

Situé dans le quartier de Soweto, ce stade compte 94 700 sièges. C'est près de deux fois le nombre de places de notre vénérable stade olympique. Sa forme ovale et sa couleur de terre cuite évoquent une calebasse alors que sa coque trouée de mille fenêtres procure ombre et aération.

Même s'il est conspué de tous, notre stade est superbe. Dommage qu'on s'en serve si peu et qu'on le laisse pourrir tranquillement... Un peuple qui met des pingouins dans un vélodrome et tient un salon de l'habitation dans un stade olympique est un peuple difficile à suivre !

La petite fille au pied de l'escalier

Je crois bien avoir passé toute la journée en haut de l'escalier de ce musée de Chicago. L'ouvrage est assurément une œuvre en soi. Un escalier superbe mais qui, pour mon œil de photographe, me semblait un peu vide sans sujet.

Puis cette petite fille est apparue, sur le banc, tout en bas, pour regarder les poissons. Elle voulait visiblement aller les rejoindre dans l'eau. Y a rien comme une fillette à lulus pour mettre de la vie dans un lieu architectural. Pour faire un très mauvais jeu de mots, elle m'est tombée dans l'œil !

La mort
d'une église

Nos églises ne meurent pas d'elles-mêmes, elles sont transformées en condos, en centres communautaires, ou on les démolit à la pelle mécanique. Elles n'ont même pas le temps de devenir des ruines.

En Écosse, les églises meurent de leur belle mort, dans leur propre cimetière. Ici, la façade de cette vieille cathédrale donne l'impression de faire partie des pierres tombales. Sur cette plaine désertique, il n'y avait pas grand-chose de vivant à part moi et quelques golfeurs, venus *putter* sur ce qui est, paraît-il, le meilleur terrain de golf du monde.

Entre les deux

Cette jeune femme est couchée sur un trottoir de Vancouver. Sa pancarte affirme qu'elle est «trop fière pour se prostituer et trop intelligente pour voler». J'estime qu'il y a une bonne marge de manœuvre entre ces deux possibilités, non? N'y aurait-il pas des choix de vie plus «intermédiaires»?

Ça marche!

Par un beau samedi après-midi, cette danseuse s'exerçait sur les marches de la Vancouver Art Gallery. Elle bougeait tellement vite que le tissu de sa robe n'arrivait pas à la suivre. D'habitude, je déteste profondément le ballet, mais j'avoue que cette femme m'a momentanément fait changer d'avis. Aérienne et gracieuse, elle virevoltait dans les escaliers sans se péter la gueule! Pour un gars qui ne peut pas grimper deux marches sans s'enfarger, c'était tout un exploit.

Vous m'avez impressionné, madame la ballerine!

L'opéra
aux allumettes

Voici l'intérieur de l'opéra d'Oslo, en Norvège. Je ne sais pas combien de petits bouts de bois sont collés sur cette structure, mais je sais une chose : je n'aurais pas voulu être celui qui les a placés ! Je suis resté longtemps à admirer le travail de moine, hypnotisé par l'ensemble qui donne franchement le vertige. Imaginez trois étages d'allumettes !

Au bout du monde

Voici le bout du quai de Key West, en Floride, à quelques mètres du *Most Southern Point of America*. Ça m'a amusé de voir cet Américain scruter l'océan d'un air craintif. Il contemplait le large avec une angoisse bien évidente.

Aux États-Unis, 37 % de la population possède un passeport. À titre de comparaison, 70 % des Canadiens en ont un.

Ce jour-là, une Américaine, apprenant que je suis canadien, m'a confié : « Le Canada est le seul autre pays où j'irais si j'étais obligée de sortir des États-Unis. J'ai trop peur de perdre mes droits. » Bien sûr, madame, vous pourriez vous faire imposer le droit d'être soignée gratuitement. Ça, ça fait peur !